«Oh, es ist trostlos, ein Kind der Literatur zu sein.»

(René Prévôt *Pierrot*)

René Prévôt (rechts) neben Hans Karl Abel, um 1900

RENÉ PRÉVÔT

«Und Harlekin heißt der neue König von Paris!»

Szenen, Essays, Prosastücke

—

Herausgegeben
von Christian Luckscheiter
und Hansgeorg Schmidt-Bergmann
im Auftrag der Literarischen Gesellschaft
Karlsruhe

=

Jahresgabe
der Literarischen Gesellschaft/Scheffelbund
2022

mitteldeutscher verlag

Inhalt

Elsassisch Blüet

Episode aus dem Jahr 1870

Personen:

Großvater
Großmutter
Georges } ihre Enkel
Franz }

Ort der Handlung: ein elsässisches Bauernhaus.
Zeit der Handlung: der Abend der Schlacht bei Wörth.

Scenerie.

Eine große elsässische Bauernstube. Links im Hintergrund ein großes Fenster mit Fensterbank. In der Mitte des Zimmers ein Tisch. An der linken Seitenwand neben anderen Gegenständen ein Lehnsessel und darüber, an der Mauer hängend, ein großes altes Gewehr mit Silberbeschlägen und Bajonett. An der rechten Seitenwand ein Küchenschrank, ferner die Tür ins Freie. Die Großmutter steht am Fenster, der Großvater geht auf und ab.

Großmutter: Es isch erum, sie schiesse schon vil wenjer.
(fällt schluchzend auf die Fensterbank.)

Großvater: Loss da Jom're! . . .

M'r han jo noch gar ke Nochrichte . . . .

Es isch 'm villicht gar nix passiert . . . .

Un wenn! . . . . . Es war' villicht's Schlachtschte nit, wenn 'r tot war'!

Denn wenn's wohr isch, was d'r facteur g'sait het, wenn's hit widder eso g'ange het wie bi Wisseburg, d'rno . . . *(hebt den Arm und lässt ihn verzweifelnd wieder sinken: dann, leiser)*: D'rno han 's salli am bescht, wo 's And nit miterlabt han!

Großmutter: Ihr Manner han ke Harz!

Ihr schpire nit was e Froi schpirt do drin, wenn si weiss, ass ihr Kind . . . *(Kanonendonner aus der Ferne)* Horich!

Großvater: Wo het 'r widder g'sait, ass es isch?

Großmutter: Bi Wörth drüwe. *(wischt ihre Tränen.)*

Großvater: Zeij, loss das Hile!

D'r Kriej isch euer Handwark nit, ihr Wiwer, un ihr verschtehn nix d'rvo *(geht an das Fenster)*.

Lüej, eso e schöner Owe isch 's oj salmols gsi, wo-n-ich as junger Burscht züem erschte Mol nüs bin ins Fald.

Awer mit 'm alt Napoleon isch 's oj e Fraid gsi; do isch's g'ange vo einer victoire züe d'r andre! . . . .

M'r han's oj nit allewil güet g'het, m'r han oj schwari Zitte durichz'mache bekumme, awer m'r het e nur brüche ze sahn uf sim Schimmel mit sim groje Mantel un sim schwarze Hüet, do isch eim d'r Müet uf e Neu's widder kumme, wie üs 'm Bodde-n-erüs un m'r isch widderscht, wo 'r eine aneg'fihert het! . . .

D'rno isch Waterloo kumme; nai, vo dare Zit will i nit redde.

Awer salmols, wo 'r m'r die Flint g'schankt het, dar «fusil d'honneur» (*nimmt das Gewehr von der Wand*), des isch d'r schönscht Daj gsi üs mim Lawe!
Un salmols, wo i faction g'schtande bin im Palascht vor sire Dhür ... (*präsentiert das Gewehr: dann, wie ehemals die Ankunft des Kaisers ankündigend*): L'empereur! ..... (*stellt das Gewehr wieder an die Wand; dann, entmutigt*): Un jetz, jetz bin i fer nix meh güet, as fer d'heim ze sitze ... es isch hert. Ah, wenn «ar» noch lawe gat ... Awer d'r Jung isch d'r klein Finger vom Alt nit wart! (*Kanonendonner.*)

Großmutter: Georges! (*sie weint.*)

Großvater (*feierlich*): D'r Georges isch Soldat un d'r Soldat isch do fer in d'r Kriej, fer si Lawe ze loh, wenn 's si müess, fer sini patrie un fer si Kaiser, das weiss d'r Georges, un wenn 'r 's jemols vergasse that', so war' 'r mi Ankelkind nimm!

Großmutter: Villicht isch d'r Franz oj d'rbi!

Großvater (*auffahrend*): D'r Franz!
Worum reddsch vom Franz? 'r soll si wo 'r will!

Großmutter: Awer 'r isch doch di Ankelkind, 'r isch doch di Fleisch un Blüet, un des kasch 'm nit namme! Wenn dü 's nit schpirsch, wenn di Harz dir des nit sait, d'rno schpir ich 's ... un mit mir schpire 's noch vil Andri oj in unserm Elsass, ass da Kriej fer uns e Brüederkriej isch!
Denn wie d'r Franz un d'r Georges, wo jetz as Find gejenander schtehn, so dhien 's noch vil andri oj unter de-n-elsassische Brieder, denn mir traje-n-in uns 's Blüet vo beidi, vo de Franzose un vo de Ditsche. Mir han züe alle Zitte z'lide g'het unterm Hass, wo beidi gejenander gedriwwe het, mir meh as alle-n-andri!

Mir sin umenanderg'risse worre, hin un har, unser Harz isch emol uf dare Sit gsi un emol uf salre.
Un wenn dar Kriej schlacht üsgeht, d'rno ware m'r widder ditsch.

Großvater: Ditsch!? Niemols!

Großmutter: Ja, dü saisch eso!
Dü bisch unterm alt Napoleon g'schtande, dü hesch die grossi Zit vo d'r französche gloire mitg'macht, dü blisch im Harze drin allewil französch un ich oj un mit uns noch wil andri!
Awer mir galte nimm, mir könne boll geh un wenn einer odder d'r ander üs unsrer Klass' noch doblit un in de Junge verzählt vo d'r alte Zit, d'rno isch 'r ellein wie ne alti Tann im junge Wald, wo vo Zit züe Zit noch rüscht im Wind, fer ass m'r si net ganz vergisst!
Unsri Kinder, unsri Kindeskinder kumme-n-an d'Reih und die redde villicht anderscht, die ware ditsch, wie mir französch gsi sin, denn des isch unser Los gsi vo allewil har, einmol des un einmol sall.
Un wenn desmol d'r Georges uf dare un d'r Franz uf d'r andri Sit schteht, so sin si mir doch beidi glich lieb, denn si sin beidi mini Ankelkinder un Eins han si beide g'mein: 's elsassische Blüet!

Großvater (*kalt*): Sidder ass d'r Franz e Preuss worre-n-isch, isch 'r fer mich nimm do!

Großmutter: Urban, redd nit eso!
Isch sini Müeter nit e Ditschi gsi?
Hesch dü-w-ere nit salbscht g'sait, wo d'r Franz erscht zehn Johr alt gsi isch un wo si Vatter, unser arm Pierre g'schtorwe-n-isch, mir wodde d'r Georges ufziheje un si

sodd widder ins Ditschland z'ruck in ihri Famili mit 'm Franz, wil m'r nit alli hatte könne ernahre!

Isch 's do züem verwund're, wenn d'r Franz, wo sidderhar küm drej Mol do gsi isch, wo 's drüwe güet g'het het un wo doch nit a rachter Franzos hatt' könne ware, ditsch worre-n-isch? Git 's dann nit üwerall bravi Lit? Isch sini Müeter nit di bescht Froi gsi?

Ich weiss, wie lieb ass si 's Elsass g'het het un wie weh 's ere gedhu het, wo si furt isch un i bin g'wiss ass d'r Franz sini Heimet oj nit vergasse het.

Großvater: Ich bin allewil d'rgeje gsi, ass der Pierre des Maid'l hirot, 'r hatt' im Land grad so güeti g'funde!

Großmutter: Dorüwer könne-n-ihr Manner nit redde, denn d'Lieb verschtehn ihr nit! ... Sunscht gab 's oj ke Kriej!

Ihr wisse nit, was salli üsschtehn, wo d'heim blin, di Froie un di Jungfroie, un wie sie fer salli batte, wo gottlos enander 's Lawe namme! *(Man hört Schritte.)*

Großvater: Es kummt ebber. *(Georges kommt herein, in französischer Uniform.)*

Großmutter *(auf ihn zustürzend)*: Georges, dü! *(stille Umarmung.)*

Großvater *(Georges' Hand ergreifend)*: Georges, wie schteht's dert druss? *(Georges schüttelt traurig den Kopf.)* Verlore?

Georges: Ja! *(Der Großvater fällt in den Lehnstuhl.)* M'r han is güet g'wehrt, awer es isch nix z'mache gsi, si sin züe vil gsi.

Großvater: Ja, ja, züe vil ....

Salmols sin si oj züe vil gsi.

Awer dü, Georges, wie kummsch dü do hare?

Georges: Loss numme, d'andri sin vorüs, awer i kumm ene schon no, wenn's Nacht isch, durich d'r Wald ....
I ha euch noch emol welle sahn, denn wer weiss, ebb i widder kumm!

Großvater: Georges, kumm, setz di do hare und verzähl ....
Redd nur grad erüs wie 's g'ange het, i bin oj e-n-alter Soldat.

Georges: Was isch do gross ze verzähle! Ich weiss salbsch nit, wie 's kumme-n-isch.
M'r han is g'wehrt so lang 's gange-n-isch. (*Pause.*)

Großmutter (*die inzwischen mechanisch Einiges aus dem Küchenschrank genommen*): Georges, kumm, d' müesch e wenig ebs namme.

Georges: I ha ke Hunger, awer wenn 'r welle, so rischte m'r ebs züem Mitnamme, i müess boll widder furt.

Großvater (*aufstehend, feierlich*): Georges, i ha d'r noch ebs ze saje vorebb de gehsch; vergiss dini Pflicht nit, vergiss nit, ass de Soldat bisch wie di Grossvatter gsi isch. Es kumme schwari Zitte, i schpir's, ich weiss oj was es isch, denn i ha 's oj mitg'macht ....
Georges, wemm'r meint, es geht nimm, wenn eim 's letschte Fünkele Müet üsgeht, d'rno bisst m'r uf di Zähn, Georges, un sait: «Pour la patrie!»
Georges, versprich m'r 's in d' Hand ni, ass de 's eso mache widd!
Dü hesch meh noch ze verteidige as d'andri, di vatterlig Hüs, des Hüs, wo dü drin gebore bisch ....
Dü verschtehsch mi, Georges!

Georges: Ja, Grossvatter, un i verschprich d'r 's! (*Pause; man hört rasche Schritte.*)

Großmutter: Es kummt ebber! (*Georges ergreift sein Gewehr, das er beim Hereinkommen an die Wand gestellt hatte.*)

Franz (*hereinstürzend, in deutscher Uniform.*): Grossvatter, Grossmüeter.... (*stockt*) Georges!

Großmutter (*sich ihm entgegenwerfend*): Franz! (*Franz umarmt sie und geht dann auf den Großvater und Georges zu.*)

Franz: Grossvatter, Georges! ... Kenne-n-ihr mich denn nimm? (*Pause; Georges, sehr verlegen, hat sein Gewehr beiseite gestellt und sich nach dem Fenster zurückgezogen; der Großvater schaut mit starrem Blick auf Franz; die Großmutter, in stets wachsender Angst, sieht bald auf den einen, bald auf den andern.*)

Großvater: Mann!....
Was mache-n-ihr do?
Was han'r do verlore?
Mache-n-ass'r furtkumme!

Franz: Grossvatter!

Großmutter: Urban!

Franz (*traurig*): I verschtand!...
I will widder geh....
I hatt' m'r 's solle danke, ass es eso kummt!
Awer i hawi widder welle sahn.
Wer weiss, es isch villicht 's letschte Mol....
Awer Eins will i doch noch saje, vorebb i gang:
Wenn i oj e Ditscher worre bin, schlachter bin i d'rwaje nit!
Mini Heimat hawi noch lieb wie salmols, wo i noch as kleiner Büe uf d'r grosse Matt hinterm Hüs erumg'loffe bin.
Mini Müeter isch e Ditschi gsi, awer si het 's Elsass lieb g'het un vo sallem Ojeblick a, wo m'r han mien furt, wil

m'r do nit genüe g'het han züem Lawe, het si m'r 's g'lehrt, wie m'r d'Heimet lieb soll ha un wemm'r binander gsi sin, do hamm'r allewil mini Müeterschproch mit'nander g'redd, un wie-n-'r sahn, hawi si nit vergasse! ....

....

So, jetz hawi g'sait, was i ze saje g'het ha .... un jetz kawi widder geh. (*Dreht sich langsam um und geht zögernd auf die Tür zu.*)

Adieu, Grossvatter, adieu, Grossmüeter, adieu, Georges ....

Großmutter: Franz, eso kasch dü nit furt! (*Sie ergreift seine Hand und winkt, während der Großvater den Rücken kehrt, Georges herbei. Dieser kommt langsam; die Großmutter nimmt seine Hand und legt sie in diejenige Franzens. Die beiden Brüder sehen einander schweigend an und fallen sich dann schluchzend in die Arme. Die Großmutter sieht in höchster Rührung der Scene zu, dann*):

Urban!

(*Der Großvater dreht sich um und erblickt seine beiden Enkel. Die Kniee wanken ihm: er fällt in den Lehnstuhl. Während der folgenden, feierlich gesprochenen Worte der Großmutter kämpft er mit sich den letzten Kampf.*)

Großmutter: Was di Natür z'ammegebrocht het, ka ke Hass un ke Findschaft üs'nanderrisse.

Un wenn sie druss as Find gejenander schtehn, so sin si doch Brieder do, unterm vatterlige Dach.

Oh, nieme lidt unter dam unglücklige Kriej so wie mir.

Weh in dane, wo e züe verantworte han!

D'r lieb Gott soll e züem Beschte wande un mache, ass das vile Blüet nit vergawes loift. Gehn un dhien euri

Pflicht, ohne Zorn un ohne Hass, un wenn d'r Fride widder kummt, d'rno mach, o Liewer Gott, ass das alte Hüs nit trüre müess un ass es widder fraidig isch in sire Einigkeit! *(Georges und Franz, in höchster Rührung, sehen auf den Großvater.)*

Großvater *(sich eine Träne wischend)*:
Gehn, Kinder, un vergasse-n-euri Heimet nit!

(Der Vorhang fällt sehr langsam.)

Ein elsässischer Dichter

«Rien de ce qui touche aux choses d'Alsace ne saurait nous laisser indifférent.» Diese einleitenden Worte des liebevollen Buches *Le théâtre alsacien* von Henri Schoen lasst uns beherzigen, denn es liegt in ihnen der Hinweis auf jenes stetige Besinnen auf uns selbst ausgesprochen, das uns so sehr not tut, wenn wir nicht aufhören wollen, «wir selbst» zu sein, wenn wir nicht aufgehen wollen im Wesenlosen. Und dazu sind wir vorläufig noch nicht verdammt. Mehr denn je will es vielmehr gerade in unseren Tagen scheinen, als habe das historische Schicksal uns nur deshalb so bitter gequält und unerbittlich geknettet (!) im Laufe langer Jahrhunderte, damit gerade wir Elsässer die Vorarbeiter am großen, befruchtenden Werke würden, das die beiden reifsten Kulturen der Welt versöhnen soll. Ich träume nicht den wahnwitzigen Traum urplötzlicher Völkerverbrüderung. Ich bin aber so kühn, an ein gegenseitiges Durchdringen deutscher und französischer Kulturelemente unerschütterlich zu glauben. Und mit diesem wird mehr getan sein, als mit jener. Wir aber müssen das Vertrauen auf uns haben, das großen Erbauern gewaltiger Kulturmonumente nicht abgehen darf. Wir müssen uns stets der Zusammenhänge bewusst bleiben, die uns verknüpfen mit dem zwiegeteilten Ursprung unseres innersten Wesens, und zeitlich aus der Vergangenheit sich herüberspinnen über die Gegenwart in die Zukunft.

[…]

Das Deutsch-Französische Kulturproblem im Elsass

Der Weg, den wir heute miteinander gehen wollen, führt in ein schönes, gesegnetes Land, in jenes Ländchen, zu dessen anmutiger Vielgestalt voll ewiger Jugend der Genius Goethes, selbst noch ein wechselvoll werdender damals, sich so begeistert hingefühlt. Ein Blick auf die Karte zunächst: westlich die Grenzkette der Vogesen, in sanften Wellen von Nord gen Süd ansteigend, ostwärts hinübergleitend in die reiche Ebene, die dem Rheine zu gebreitet liegt. Steig vom Vogesengrat hinunter und wandere mit den Flüsschen und Bächen, die ihr Wasser zur Ill und durch diese rheinwärts leiten. Stetig wechseln die Bilder an deinem Weg: in den Tälern reger Gewerbefleiß, rauchende Fabrikschlote neben dichtgedrängten Arbeiterdörfern, zwergbäuerlicher Grundbesitz, teils auf der schmalen Talsohle, teils die Berghänge hinunter gebreitet; sodann am Fuße jenes gesegneten Rebgeländes, das seit alter Zeit ein Stolz des Landes ist, dies oder jenes altehrwürdige Weinstädtchen: Türkheim, Reichenweier; – und weiter in der fruchtbaren Rheinebene, rings um die breiter angelegten, mit Obst- und Gemüsegärten reichlich durchwachsenen, teilweise recht schmucken Bauerndörfer, das bebaute Feld. Getreide, Tabak und Hopfen sind seine Haupterzeugnisse, Mittel- und Kleinbetrieb die vorwiegenden Wirtschaftsformen. Hier und dort schließlich, um Städte wie das alte Kolmar und das moderne Mülhausen gruppiert, starke industrielle Inseln. Auch in den Gebirgstälern sahen wir Schlote rauchen, den industriellen Brennpunkt des Landes bildet aber die letztgenannte weltberühmte Mutterstadt der elsässischen Baumwollfabrikate. Nur hier finden wir, im Gegensatz zu dem das elsässische Gewerbe in Stadt und Land nicht minder als die Landwirtschaft beherrschenden Mittel- und Kleinbetrieb, eine gewisse kapitalistische Konzentration. Aus diesen grob skizzierten wirtschaftlichen Grundlagen ergibt sich die soziale Gliederung des elsässischen Volkes von selbst: auf dem Lande eine wohlhabende Bauernschaft, in den Städten ein meist nicht minder gut situierter gewerblicher Mittelstand und nur in den Industriebezirken eine breite Kluft zwischen den Fabrikmagnaten und der proletarischen Arbeiterbevölkerung. Augenfällig ist da die Ähnlichkeit mit Frankreichs wirtschaftlich-sozialem Gesamtbild. Diese äußert sich weiter im bürgerlich-demokratischen Geist, der meist versöhnlich über den sozialen Schichtungsunterschieden liegt.

[…]

Die[ ] Fühlung nach Westen, des elsässischen Problems empfindsamste Stelle, äußert sich indessen nicht allein in jenen Kundgebungen der dem deutschen Polizeikommissar immerdar verdächtigen, in Wirklichkeit aber meist unsagbar biederen und harmlosen «Französlinge»: regelmäßigen Grenzüberfahrten zur Feier des französischen Nationalfestes am 14. Juli, vive-la-France-Rufen oder Marseillaise-Singereien. O nein, die elsässische Frage liegt denn doch tiefer! Sie ist in ihrem innersten Wesen überhaupt keine politische Frage, sondern ward durch die Laune der Geschichte, weit mehr aber noch durch nationalistische Leidenschaft mit antihistorischer Gewaltsamkeit erst dazu gemacht! Warum? Das Elsass, die «wiedergewonnene

Provinz» ist undeutsch! jammert die deutsche Pedanterie, denn sie fühlt, dass hinter der Schwelle des elsässischen Bürgerhauses eine Luft weht, die man jenseits des Rheines, vor allem aber droben in Preußen nicht kennt, sie hört französische Laute und ahnt allerorts französische Sitte. Indessen – auch des Pariser Boulevardiers empfindsame Nerven zucken und winden sich da unter den polternden Härten in seiner entstellten Muttersprache. Auch auf ihn stürmt allseits fremde Lebensart herein, und auch er wähnt sich auf barbarischem Boden.

Uns aber lasst auf höhere Warte steigen, um weiter über Land zu schauen, und da sehen wir: Auf diesem schmalen Streifen Erde, der «das Elsass» heißt, mischt sich seltsam das Salz zweier Meere!

Deutschland und Frankreich! Welch ansehnliches Stück Weltgeschichte liegt doch in dieser Gegenüberstellung! Und wir fragen: erschöpft es sich denn wirklich in dem bekannten, hüben wie drüben weiten Kreisen immer noch allzu willkommenen und doch so wohlfeilen Schlagwort «Erbfeindschaft»? Liegt dessen Überwindung nicht vielmehr gerade im kulturfrohen Geiste unserer Zeit? Wenn aber dem so ist, wenn die Forderung einer Versöhnung der beiden dioskurischen Träger der heutigen Kultur immer lauter und dringlicher wird, muss da ein kritischer Streifzug auf ein Gebiet, wo ihr jahrhundertelanger Wettstreit um den Besitz eines begabten Volksstammes ein langsames gegenseitiges Durchdringen notwendig zur Folge gehabt, nicht überaus verlockend und fruchtbar erscheinen? Gewiss! Doch hieße es nach Dilettantenart sein Ziel zu weit stecken, wollte man von der Klärung der elsässischen

Spezialfrage gleichzeitig die Lösung des deutsch-französischen Kulturproblems überhaupt gewärtigen. So muss denn dies weitere, umfassendere Ziel: entscheidende Gesichtspunkte für die erstrebte kulturelle Annäherung der beiden großen Nationen zu gewinnen, vor dem näheren, erreichbareren vorerst zurückstehen, das sich aus der beklagenswerten politischen und kulturellen Zerrissenheit des elsässischen Volkslebens und aus der wichtigen Frage nach der künftigen Geistesentwicklung und kulturellen Weichenstellung einer der blühendsten Provinzen des Reiches als besonders zeitgemäß und dringend ergibt.

Eine hinlängliche Qualifikation für diese seine Aufgabe dürfte dem Verfasser aus seinem engen persönlichen Verhältnis zu ihr erwachsen, aus seiner altelsässischen Herkunft und langjährigem Aufgegangensein im elsässischen Volks- und Kulturleben, und nicht zuletzt aus der, von ihm stets gesuchten, aus landschaftlicher Enge herausführenden Fühlung mit der internationalen Weltkultur, insbesondere dem französischen Geistesleben, dessen reiche Anregungen der gern zum deutschen Kulturbürger Gewordene drum nicht minder zu schätzen weiß und nimmermehr missen möchte! Doch nun zur Sache!

[...]

«Das Herz französisch, der Kopf deutsch!» wird die Parole, von Ehrenfried Stöber, dem Dichter in deutscher Sprache geprägt; jene Männer, die mit ihm an deutschen Idealen festhalten, beklagen einmütig die kulturelle Zwitterstellung der geliebten Heimat und erwarten die Abhilfe von einer möglichsten Beschleunigung der Französierung. Alles schwört zur blau-weiß-roten Fahne der Demokratie. Unter ihrer Führung wächst der Wohlstand des Landes, gedeihen Handel und Industrie.

Aber die große Revolution wirft noch einen zweiten Fangarm nach dem Elsass aus, der die Volksseele gewaltig umspannt und wild emporreißt zu kühnster Kraftentfaltung. Die Gründung der Nationalgarden, die «Levée en masse» der Revolutionsheere und der demokratische Cäsarismus eines Napoleon bieten den ausgeprägten militärischen Qualitäten des Elsässers – die ja auch zum historischen Relief des stammverwandten Schweizers gehören – jener mit praktisch-nüchternem «esprit débrouillard» glücklich gepaarten abenteuerlichen Rauf- und Tatenlust ausgiebigste Bewährungsgelegenheiten. Geradezu staunenswert ist das Kontingent an hervorragenden Namen, die das Elsass bis in unsere Tage hinein in den Dienst der französischen Wehrmacht gestellt hat. Revolution und erstes Kaiserreich graben ihrer nicht weniger als 62 in ihre stolzesten Ruhmestafeln. Ein Kellermann, ein Mouton, ein Lefèbvre, ein Westermann, ein Kleber, ein Rapp, sie verkörpern das Heldentum, das dem Elsässer zur höchsten und schier einzigen Begeisterung wird. Ihre Säbelgurte sind unzerreißbare Bande, die auch heute noch ihr Heimatländchen mit der großen Zeit der französischen «Gloire» verknüpfen. Um diesen Kerngedanken soldatischer Tradition zieht das Werk Erckmanns, des größten Erzählers, den das Elsass hervorgebracht, seine Kreise. Und man sieht nun auch klarer, warum das Elsass im XIX. Jahrhundert geistig brach zu liegen scheint. Seine Phantasie umspannt in verwegenstem Traum eine Zeit der großen Tat, sein wackeres alemannisches Draufgängertum tollt sich aus in den gigantischen Lebensfresken eines Weltenzusammenbruchs. Und die Erinnerung bleibt weit über die Wirklichkeit hinaus in ungeschwächter Lebendigkeit. Der Elsässer vergisst nicht, dass die hinreißenden Klänge der Marseillaise zum allerersternmal im Hause des Straßburger Bürgermeisters ertönten und dass in der heldenhaften Verteidigung des Rheinstädtchens Hüningen die napoleonische Iliade glorreich ausgeklungen. Am Himmel, der einst von Austerlitzscher Sonne geflammt, glimmt jetzt das Trauerzeichen «St. Helena». Das Elsass schaut zu ihm auf – und wartet. Auf den Schlachtfeldern Magenta und Solferino flackert das Flammensignal des auferstandenen Kaisertums zu kurzlebiger Hoffnung wieder auf, um dann endgültig zu erlöschen. Doch vermag die Schmach des unebenbürtigen Neffen den Glorienschein des großen Cäsars im grauen Mantel nicht zu verblassen. Er strahlt herüber in minder ruhmvolle Tage und gleißt für elsässische Augen heute noch auf dem stumpfer gewordenen französischen Schwert, ja sogar auf den Helmen der wackeren Straßburger «pompiers» (Feuerwehr), die so zu friedlichen Erben kriegerischer Sympathien geworden. Der erste Schritt ins elsässische Bürgerhaus lässt über diese Sinnesart keinen Zweifel. Da hängen inmitten waffengeschmückter Wände an den Ehrenplätzen die Kaiser- und Schlachtenbilder der Meissonier, Detaille, de Neuville und anderer Kunstpatrioten und sprechen es offen aus, dass heute die französische Armee dahier in weit höheren Ehren steht als jenseits der Vogesen, in der von antimilitaristischem Winde scharf überwehten Republik. Der «Quatorze juillet» und die «Sidi Brahim», das Waffenfest der französischen Chasseurs, locken alljährlich Hunderte von Elsässern über die Grenze zu begeisterter Verbrüderung mit den «pantalons rouges». Warum schließlich auch nicht? Warum sollte das elsässische Volk in der französischen Armee, deren schönste Ruhmesblätter es pflücken half, plötzlich die «Erbfeindin» erblicken? So müssen wir fragen, nachdem wir jene Erscheinungen entwicklungsgeschichtlich verstehen lernten. Auch ihre Überwindung kann nicht das Werk des Augenblicks und der Willkür sein. Man ist deutscherseits viel zu leicht geneigt, überall im Elsass Reichsverrat und Protestlertum zu wittern, auch da, wo es sich lediglich um ein im Grund harmloses zeitweises Fortbestehen historisch gewordener Sympathien für Frankreich handelt.

[...]

Man glaubt einfach, deutsche Verhältnisse aufs Elsass übertragen zu können, man vergisst, dass die deutsche Entwicklung zweier Jahrhunderte hier keine Grundlagen gelegt, und baut so ins Leere hinein, indem man zugleich die dem Elsässer liebgewordenen Lebensgewohnheiten französischen Gepräges gewaltsam zu unterdrücken sich abmüht. Das Französische wird nicht nur als Unterrichtssprache abgeschafft, wogegen nichts einzuwenden wäre, sondern es soll fürderhin auch als Unterrichtsgegenstand keinen breiteren Raum mehr einnehmen als etwa in Ostpreußen drüben; launische, meist gar nicht so bös gemeinte Sympathieäußerungen für Frankreich werden als «cris séditieux» mit übertriebener Strenge geahndet; französische Inschriften werden verboten, der Coiffeur wird zum gutdeutschen Friseur – und gerettet ist des Reiches Ehre! Allen derartigen, als Vergewaltigungen seiner Persönlichkeit empfundenen, kleinlichen Maßnahmen deutscherseits stellt der Elsässer seinen stummen, verbissenen Trotz entgegen. Er schaut sich den in stolzem Siegerbewusstsein gebrüsteten Altdeutschen einmal über die Schulter von Kopf bis Fuß an; sein äußerer Habitus imponiert ihm nicht besonders und er redet wegwerfend, den Maßstab, den irgend ein missliebiger Subalterner abgibt, verallgemeinernd und das eigene Gesättigtsein hervorkehrend, von Hungerleidern und von früheren «Schnurranten» (Wandermusikanten), die zu französischer Zeit ins Elsass betteln kamen und aus denen man jetzt lauter Kreisdirektoren gemacht habe! Alles das, worauf der Elsässer etwas gibt und wonach er seinen Mann bewertet, die ganze sinnenfrohe Kultur wohlsituierter, materialistischer Lebensart geht der großen Mehrzahl der Eingewanderten – unter denen gar noch das norddeutsche Element das dem alemannischen Wesen verwandtere süddeutsche überwiegt – ab, und ihr monarchisch-aristokratischer Kastengeist erscheint jenem eingefleischten Demokraten als eine Neuauflage des längst verabschiedeten alten Regimes, für die er erst recht keine Verwendung hat. Dass gerade diese äußerlichen Gegensätze aufeinanderplatzen mussten, ergibt sich aus ihrer Schärfe ja schließlich von selbst, und es wäre wohlfeil, nachträglich mit gescheit tuenden Vorwürfen auftrumpfen zu wollen.

[...]

Eine neue Zeit! Ein neues Elsass! Wohin führt sein Weg? Er wird und kann vorerst kein einheitlicher sein; das haben uns die Verhältnisse gelehrt. Heute schon gehen die einen Hand in Hand mit der deutschen Kultur; andere wieder werden lange noch weitab vom Rhein auf dem Grate der Vogesen stehen und sehnsuchtsvoll nach dem schönen Frankreich hinunterwinken. Dazwischen aber läuft die breite Mittelstraße, auf der die Masse des elsässischen Volkes seiner unbewussten Bestimmung entgegenwandelt. Was lässt es zurück und was nimmt es mit sich an altväterischem Hausrat? Das ist die Frage nach der Zukunft französischer Kultur im Elsass.

Das Liebste, was man hat, pflegt man nicht preiszugeben. So wird denn der Elsässer sicherlich auf unabsehbare Zeit hinaus an seinem demokratischen Ideal sowohl als auch an dem Vermächtnis französisch gefärbter Lebensart und äußerer Kultur, seiner Charakterprägung schärfstem Zug, festhalten. Und da gilt es gerade deutscherseits einsehen zu lernen, dass es so gut ist, dass es sich hier um eine Überlegenheit handelt, die sogar recht wohl ihren Ehrenplatz fordern kann in der an äußeren Geschmackswerten und sicherem Formempfinden keineswegs überreichen deutschen Gesamtkultur und Volkswirtschaft. Und wer hier etwa weiter gehen und aus dem günstigen Einfluss Frankreichs auf das Elsass in dieser Richtung einen Schluss ziehen wollte auf gleichartige Befruchtungsmöglichkeiten der deutschen Gesamtkultur, befände sich wohl nicht auf einem Irrweg.

[...]

Wir sind ein Grenzvolk – und dies harmlose Wort wird zum Orakelspruch unseres Schicksals. Seit Jahrhunderten tragen und nähren wir sie in uns, die seltsame, kampfzerrissene, kampfgestählte «âme aux deux patries». Lasst uns ihrer aus klar erschauter Wesenstiefe heraus endlich bewusster werden! Das bedeutete für Jung-Elsass ein Emporsteigen auf höhere Kulturwarte, ein weites Überschauen zweier Welten: *Kulturelsässertum!* Den beiden Großmächten des Geistes Deutschland und Frankreich aber erstünde so der Lotse, der die trennende Flut ihrer Gegensätze vielleicht zu übersteuern vermöchte, von einem Ufer zum andern die frohe Botschaft der Kulturversöhnung tragend!

Ein elsässischer Künstler
(François Rupert Carabin)

Folg mir, lieber Leser, in eine jener Gassen, die aus dem Herzen von Paris steil hinauf zum heiligen Berge Montmartre führen und in breitem Ausblick auf den imposanten Bau des Sacré-Cœur sich öffnen. Wir biegen in einen grauen Hof ein, an der Concierge-Loge vorbei, und klettern eine kurze steile Leiterstiege hinauf bis vor die Tür, wo eine vergilbte Visitenkarte uns verrät, dass hier haust, den wir suchen. Wir klopfen an. «Sofort!» schallt es zurück, hell und heiter. Wir hören das Gerumpel eines umgeworfenen Holzschemels und einen kurzen hastigen Tritt. Dann fliegt mit heftigem Ruck die Tür auf. Mit kindlich gutem, einladendem Lächeln im breiten, glatt rasierten Gesicht, steht François Rupert Carabin vor uns. Man könnte ihn für einen Landpfarrer halten, und ich entsinne mich eines gemeinsamen Besuches bei einem Montmartremaler, der uns seine Tür nicht öffnen wollte, weil er meinen Begleiter für seinen gestrengen geistlichen Onkel aus der Provinz hielt.

Ein vierzigjähriger Aufenthalt auf Montmartre vermochte ihm das ererbte Bauernblut nicht zu trüben. Derb und gesund ist er das unterelsässer Landkind geblieben, der Försterssohn aus Zabern, der in frühen Jahren nach dem Frankfurter Friedensschluss der vom größeren Vaterland losgerissenen Heimat Lebewohl sagen musste, um dem Vater auf der Suche nach einem andern Lebensberuf nach Paris zu folgen. Unverwischt sind die Erinnerungen an jene früheste Kindheit in ihm lebendig, und gern erzählt er uns von seinen «geschwänzten» Schulstunden, die er mit Vorliebe auf den Schlittwegen seiner Vogesenwälder oder in einer alten Stambacher Schmiede zubrachte, und von seinen mit primitiven Kunstprodukten vollgekritzelten Schönschreibeheften. Einen jähen Riss durch diese freien Kinderfreuden bedeutete die Übersiedelung in die Weltstadt Paris. Mühevoll genug schlug sich da der elterliche Haushalt durch, und für den jungen François begann eine bittere Lehrzeit. Stärker als alle künstlerischen Triebe und Neigungen erwies sich zunächst die Notwendigkeit, einen Brotberuf zu wählen. Carabin versuchte einen Mittelweg einzuschlagen und trat bei einem Gemmenschneider in die Lehre. Die freien Abendstunden widmete er zugleich dem Besuch einer Zeichenschule, wo sich allmählich sein Künstlertum präzisierte, so dass er, seiner besonderen Neigung zur Bildhauerei folgend, gar bald in die Holzschnitzwerkstatt eines Möbelschreiners übertrat, aus der ihn jedoch die geisttötende Einförmigkeit der tagaus tagein gleichbleibenden Arbeit ebenso rasch wieder vertrieb, – diesmal hinaus auf die ungewissen Pfade der «Bohème». Der Bohème mit ihren überlauten Festen der Jugend und ihren einsamen, ach so stummen Qualen des langsamen Reifwerdens. Von Gelegenheitsarbeiten – unter denen die gutbezahlten Abgüsse von Totenmasken bei aller Schauerlichkeit nicht die unwillkommensten waren! – kärglich ernährt, schuf er mit stiller Inbrunst und heiligem Ernst am mühsam reifenden Werke seines Künstlertums. Im Jahre 1884 war er endlich so weit, dass er aus seinem Schlupfwinkel heraus den bedeutsamen Schritt vor die breite Öffentlichkeit wagen durfte. Unter den Begründern der damals entstandenen «Société des Indépendants» steht auch sein Name.

[...]

Er ist, wie alle echten Künstler, bis heute ein bisschen der Bohémien von ehedem geblieben, der Outsider der Bürgerlichkeit mit ihren mörderischen Verführungen. Das bunte Bild der bewegten Straße, das belebtere Treiben der Volksfeste, die ganze vielgestaltige Epopöe des bescheidenen Alltags ist seine liebe Kleinwelt, und die Midinettchen in den Tanzlokalen von Montmartre haben keinen väterlich reineren Bewunderer ihrer koketten, luftigen Grazie. Nie sah ihn wer anders denn in jenem hochgeknöpften Veston, der seit Urzeiten auf Montmartre Mode bleibt, den weichen Filzhut im Nacken und um den gutmütigen Mund sein unverwüstlich optimistisches Lächeln, dies pietätvoll stumme Gebet des Künstlers zur Schönheit allen Lebens!

[...]

Du mein Schwabing!

Ganz droben im Nordend, wo noch freies Wiesen- und Geröllfeld war, in einem zur einzigartigen Künstlerpension umgewandelten einstigen Pferdestall, fand sich einst vornehmlich zusammen, was Schwabing war und werden wollte. […]

In Frühlingsnächten sang die Gitarre das leichtgeflügelte Lied der frohen Stunde, und im Herzen wuchs und schwoll der prometheische Erstling, an dem jeder heimlich dichtete. Mancher, der die Stirn in bewusstere Falten legte, trug wohl auch schon das fertige Meisterwerk in der Brusttasche. Und der und jener ließ es schließlich gar drucken. Aber gottlob nicht alle!

Föhnwind brauste das Isartal herab, und die Ahnung kommenden Lenzes machte die Stirnen heiß und weitete die Brust zum jugendlich überlauten Gebet an das stumme Geschick: O gib, o gib uns den Sieg!

Ja, Jugend dünkt sich furchtbar klug. Betet zu allen Zeiten zur Sphinx des Lebens: O gib uns dein Rätsel zu lösen! Und wähnt sich stets am Morgen eines großen Tages, der auf sie wartet. Ahnt nicht, dass sie vielleicht am Abend geboren ward. Meint, der große Stundenschlag der Zeit folge ihrem Geheiß.

*

Schwabings Stunde aber heißt Illusion. Dieser Stadtteil hat die Weite, die Dehnbarkeit eines Kontinents. Er ist die ästhetische Experimentierstation der Kulturstadt München.

Die wundersame Wahlheimat aller hergereisten Spleene; eine gastliche Freistatt für jegliches Schlawinertum; ein Asyl für alle Outsider der Bürgerlichkeit. Ein Babelturm, der in den Himmel wachsen möchte. Da spricht jeder die Sprache seines kostbaren Ich: Mikrokosmen, die mit tyrtäischer Gebärde das Hohelied ihrer Winzigkeit stammeln. Wohl blitzt bisweilen um begnadete Gipfel ein Aphorismus neuer Welterkenntnis; unten aber, auf dem weiten Schlachtfelde der Kultur, das immerdar bereit steht für die erlösenden Revolutionen des heiligen Hasses und der großen Liebe, da machen virtuose Harlekinsprünge frühreifen Intellektes und der Kretinismus ästhetizistischer Kunstlüge sich breit.

Jeder kann da Meister werden in irgendeinem Kreis von Jüngern; kann stolz mit diesem Knappentross die Leopoldstraße hinunterwandeln. Bis ans Siegestor wird man ihm seine Bedeutung glauben. Da gehen gemessenen Schrittes die «Ästhetischen», dort kommen mit interessanter Blässe die «Erotischen» daher. Sie lieben einander nicht. Fremde, feindliche Nomadenstämme sind sie im gleichen Schlaraffenland der Einbildung. Und wenn ihre Kriegspfade sich begegnen, dann kreuzen sich die kühlen, verächtlichen Blicke wie Schwertklingen. – Aber sonst tun sie einander nichts.

*

Und doch sei's gesagt: dies unser Schwabing entschwabingerte sich!

Zwischen gestern und heute liegt gewaltiges Geschehen. Eine unerbittliche Zeit, die das Überflüssige zu nichts geschmolzen und das Notwendige zum Typischen versteinert hat. Und siehe da: selbst Schwabing hat umgelernt. Jenes Künstlerheim, einst dafür berühmt, dass die Pensionärseigenschaft einen vollausfüllenden Lebensberuf bildete, steht heute mit Hahnenschrei auf den Beinen und eilt zur Arbeit: ins Warenhaus, ins Kontor, in die Werkstatt; und der Sohn der feudalsten Bohèmekönigin zieht Eisendraht bei Maffei. Das neue Schwabing lernte in der Zeiten Not um positivere Werte kämpfen.

Freilich: die Experimentieranstalt versuchte sich auch einmal politisch. Und machte die Räterepublik ...

*

Schwabing ist eine nicht immer harmlose Kinderkrankheit. Mancher verwindet sie niemals. Schleppt grollend den Bettelsack seiner armseligen Enttäuschungen oder dichtet arglos seines Lebens herbstlich welkendes Idyll.

Doch nicht alle sterben daran. Dem Stärkeren ist Schwabing Übergang, Vorstufe. Lenz der ungebändigten Instinkte und des wahllosen Enthusiasmus. Kampffrohe Zeit, da man sein Jahrhundert in die Schranken fordert. Bohème ist die schroffe Antithese zum feisten Philistertum. Sie gefällt sich in höhnender Positur, liebt die herausfordernde Gebärde.

Und das sind Allüren, die der gesetzte Bürger nicht liebt. Deshalb klingt das Epitheton «Schwabingerisch» im ganzen Münchner Stammtischbereich unzweideutig verächtlich. Der Normalmensch verbindet damit nicht ganz ohne Grund Vorstellungen von zweifelhaftester Verwegenheit, und in seiner Phantasie komplizieren sich die besonderen

Sexualbegriffe des nördlichen Stadtteils zu den erstaunlichsten geometrischen Konstruktionen.

Das hindert freilich den waschechten Spießer nicht, nach einem Souper bisweilen den Zug nach dieser verworfenen Welt zu verspüren. Dann wagt er sich in ein Lokal mit rotem Licht, wo eine Geige wimmert und eine Gitarre zirpt und der Snobismus breit in allen Ecken hockt. Er aber meint, das sei Bohème! Wähnt sich mitten im feindlichen Lager und genießt den Kitzel seiner jovialen Ungeniertheit. Rückt den Hut schief aufs Ohr, spendiert wohl eine Flasche Sekt und kneift verstohlen seine Nachbarin ins Bein.

Indes, auch diese Pseudobohème ist längst nicht mehr modegerecht, und die Snobisterei, die sich da breit machte, ging zu zeitgemäßeren Posen über. Der alte Pariser Samtkittel ist in Schwabing nur noch als Sportkostüm denkbar. Der Sport aber tötet die Bohème. [...] Hier weht ein kühner, ein gesunder Wind. Den atme eine Jugend, die, allen Literatenkliquen fern, das Ohr an die Brust der Erde legt! [...] Horch! Zittert nicht bisweilen ein leiser Geigenton auf der Saite der Verheißung? Hören wir nicht Knabenschritte des Geistes, der zum Leben will?

Bohèmespiel wird für solche Jugend keine Lockung mehr sein. Freilich, das einstige Zauberwort wird auch künftig Patentmarke bleiben für innere Zerfahrenheit, für das Martyrium der Mittelmäßigkeit, für die Selbstlüge der Talentlosen.

Die wahre Bohème aber stirbt niemals aus. Sie wird so alt werden wie ihr ewiges Gegenstück: Philistertum. Nur verzichtet sie auf die prahlerische Pose, denn sie bedeutet Kampf und Not und Einsamkeit der stolzen Künstlerseele.

Der Tod der Bohème

(Sentimentales Zwiegespräch mit Henry Murgers Geist)

Als man dich zu Grabe trug, heut vor fünfzig Jahren, gab die Jugend das Geleite. Jugend, die dem Tode lächelt und ihn nicht ungern bei sich zu Gast sieht. Jugend, die bei trauerlosem Saitenspiel den kecken, bunten Karneval des Lebens feiert. Und diese lieben, vertrauten Klänge wiegten dich in ewigen Schlaf.

Heute kommt ein andrer Zug des Weges. In makellosem Schwarz und voll ernster Wohlerzogenheit, mit ordengeschmückten Knopflöchern und weihevollen Ehrenkränzen. Sie pochen an deinem Grabstein an und bringen dir ein Ständchen. Und ein besonders wichtiger Herr voll aparter Situationskomik eröffnet dir amtlich vom Blatt, dass du nunmehr unsterblich seist.

Lass dir nichts vormachen. Bleib mit den treuen Kinderaugen brav unterm Leichentuch. Glaub mir, du bist wirklich tot. Hast bereits deine Büste im Luxembourg, auf der schon die leichte Patina ewigen Ruhmes keimt. Bist gebucht im Amtsregister des nationalen Olymps. Bist vergilbt und für die offizielle Ehrung reif.

Oh, wie tot muss man schon sein, um so unsterblich zu werden!

Was fällt dir ein? Bedanken willst du dich? Eine deiner famosen Reden halten? Lass das, Freund! Es müsste peinlich werden. Denk doch nur an deinen borstigen Ofenrohrzylinder, an deine geflickte Nankinghose und an deinen abgetragenen Gehrock, der mit den Schößen das Rad schlägt wie ein Pfau. Und stell' dir dazu den tadellos gebügelten

Regierungsvertreter vor. Der Mann meint es gut mit dir, und du darfst ihn nicht blamieren. Alles, was er von dir sagte, gilt ja nur, solange du tot bleibst. Sei pietätvoll, Alter! Trübe die weihevolle Andacht nicht! Sonst wirst du am Ende gar noch verhaftet wegen Störung einer nationalen Feier. Geh, sei gescheit und bleibe wirklich tot! Das ist alles, was man von dir verlangt.

Was, Heimweh hast du? Deine Welt möchtest du einmal nur wiedersehen? Deine enge Welt zwischen dem *Ball Bullier* und den lustigen Mühlen von Montmartre? Und sie alle, die du brüderlich geliebt? Du willst es nicht anders, und ich soll dein Mephisto sein. – Wohlan!

Schau, da ist Chaunard, dein Liebling. Sieh nur, mit welcher Grandezza er seinen Mantel drapiert, seinen Hut aufs Ohr setzt wie ein gascogner Musketier und der Kravatte flatterndes Panier vor sich herträgt. Das Komponieren hat er freilich längst aufgegeben und verkauft jetzt Grammophonplatten als Kommis im Bon-Marché. Du kannst also beruhigt sein; er hat sein leidliches Auskommen.

Und Colline? fragst du. Colline, dein Philosoph? Oh, dem geht es ganz ausnehmend gut. Siehe nur, wie fein ihm der Smoking sitzt und wie sicher das Monokel. Er lässt sich von seinem Gerichtsvollzieher zuerst grüßen und verachtet den Bourgeois nach wie vor aus Herzensgrund. Aber er spielt bei einem solchen Krämer gern den Hausästheten, raucht seine Zigaretten, trinkt seinen Sekt und «hausfreundelt» so ein bisschen. [...]

Schau, schau, nun wendest du dich schon ab. So hattest du's nicht gemeint. Aber Musette, rufst du, deine Musette!

Oh, auch die hat Karriere gemacht! Ich traf sie jüngst mit ihrem amerikanischen Milliardär im Café de Paris. Nicht wiederzuerkennen, sag' ich dir. Das bauschige «mille fleurs»-Kleidchen, das du ihr schenktest, hängt wohl irgendwo als verschlissene Gardine. Denn sie trägt jetzt einen seidenen Jupon und trippelt auf halsbrecherischen Stöckeln zu ihrem Automobil.

Und Phémie? flehst du bang. An der kannst du noch deine Freude haben! Sie bohrt immer noch in der Nase und legt in Herrengesellschaft mit Vorliebe die Füßchen auf den Tisch. Aber sie ist nach Schwabing übergesiedelt – du weißt wohl gar nicht, wo das liegt? – und besitzt jetzt einen Lebenszweck, einen Reformrock, eine Schneckerlfrisur, eine dekorative Linie und – eine Seele. Was willst du mehr? Und du darfst ihr nicht böse sein, wenn sie dich alten Hanswursten nicht mehr kennen mag. Sie liebt nur noch Männer mit einer Weltanschauung.

Und hast du je von so etwas gehört?

Ach Gott, nun wirst du mir gar sentimental wie eine Trauerweide! Wozu? Die Spielart der Lebenskomödie ist nun mal eine andere geworden. Und wenn es in uns weint in trüben Abendstunden, greifen wir wohl immer noch zu Musset und Verlaine. Aber zu dir? – Nein, zu dir flüchten wir uns nicht mehr. Und doch haben wir dich lieb behalten, dich und dein treues Kinderlachen, das für kurze Stunden wie mit Flügeln alle Schwere von uns nimmt. Komm, Freund, du sollst mit uns zechen heute nacht. Ewige Sehnsüchte sollen über singende Gitarren streichen, und die Lampions erloschener Illusionen sollen einmal wieder brennen. Und den Wein des Lebens, den wir heute trinken, wollen wir dem kargen Wirt schuldig bleiben. Und du bekommst ein Mädel auf den Schoß. Erschrick nicht, weil sie so bleich ist und eine Rose von Blut inmitten der Stirn trägt. Die ist dort für dich erblüht! Kennst du sie nicht? Sie ist es, die letzte Grisette, die sich aus Liebesgram erschoss. Sag, ist sie nicht schön und zart wie lauter Unwirklichkeit aus Traum und Zigarettenqualm? Ja, es ist Mimi, deine Mimi! Der bleiche Geist dieser zeitlosen Nacht, da wir lustige Totenwache halten wollen mit dem Fieberglanz unserer Augen voll verkannter und verglühter, verträumter und verspielter Jugend.

Die Kraft

Vielleicht bist du ein königlicher Lenker tausendfältiger Geschicke, deren unsichtbare Fäden in deine starke Hand münden, ein Diplomat voll kühler Weltweisheit, die noch keiner überlistete. Oder gar ein Denker, dessen breite Stirn mit zentnerschweren Gedanken trächtig geht, ein Künstler, der den toten Stoff zu zauberischem Leben formt, ein Dichter, der den Lorbeer sich ersang ... Was tut's, vor «ihr» fühlst du dich auf einmal klein, nichtig und wehrlos, der rätselvollen Macht überantwortet, die unter der Panzerrüstung des Motors klopft und brodelt wie eines Schlachtrosses ritterliches Herz. – Denk nur an deine ersten Autofahrten!

Zögernd, ängstlich, als wär's ein Vollblut, dem du ein Stück Zucker reichen möchtest, streichelst du das stählerne Rückgrat. Ziehst lange deine werbenden, ehrfürchtigen Kreise rings um den kupferglänzenden Kasten, darin das Untier haust, der Feuerdrache, der deine jungfräuliche Fantasie gebannt hält, vom Stahlgehäuse ringsum eingefasst, unbewegt, wohlberechnet und exakt.

Und nun sitzest du auf dem Bock, neben dem rätselhaften, wichtigen Mann im hochgeknöpften Uniformrock mit dem undurchdringlich «delphischen» Orakelblick unter der tiefgezogenen Schirmmütze. Du betrachtest ihn mit heiliger Scheu. Möchtest ihn wohl gar ansprechen. Aber du wagst es nicht. Du bist vielleicht ein Denker, ein Dichter, ein König in deinem Reich. Aber hier weilst du in dem seinen, ein winziger Untertan bloß der unheimlichen Gottheit, deren Bändiger neben dir sitzt, der allein die tiefsten Mysterien ihres geheimsten Lebens kennt, der sie gezähmt hält unter dem leisen, unmerklichen Druck seiner allmächtigen Hand.

Noch nie hast du dich so vollkommen als Dilettant gefühlt!

Doch du weißt: wenn er mag, kann er zum Dolmetscher deiner Neugier werden. Und du nimmst alle Courage zusammen, wagst einen schüchternen Blick zur Seite und riskierst wohl gar eine bescheidene Frage, sprichst eines der geheimnisvollen Worte jener heiligen Sprache, die du wohl niemals ganz verstehen wirst: Herr Chauffeur, wieviel Pferdekräfte? ... und ob die Zündung gut funktioniert? ... [...]. Dann wartest du untertänigst, wie bei einer Audienz, auf die wohlgeneigte Antwort.

Diese erfolgt knapp, herrisch, wie es für einen Mann ziemt, der nicht gewohnt ist, Zeit zu verlieren. Doch wenn der Gewaltige besonders gut gelaunt ist, wofür du mit einer Havanna sorgen kannst, überantwortet er vielleicht, mit der Gebärde eines Königs, der ein Ministerportefeuille vergibt, die Handhabung der links angebrachten Hupe. Du errötest tief vor Glück ...

Und nun fahr zu! ... Fort durch namenlose Dörfer, die entfesselten Straßen entlang, staubumwirbelt in die grünprangende, blaugewölbte, sonnenvergoldete Endlosigkeit des Raums, in die nie zuvor erschaute Zeitlosigkeit des Alls! ...

Du fühlst, unklar zunächst, wie sich alle Begriffe für dich wandeln. Wie dein Weltgefühl sich vergöttlicht im Bewusstsein solcher Überwindung. Du hast kein Ziel mehr. Grenzenlos wächst dein Verlangen. Jeder Moment ist dir Ankunft und Abfahrt zugleich, und dein Traum legt einen

Reifen aus Kraft und Eile um die kleine Erde: – – Schneller … immer schneller!

Hinter dem geschlossenen Visier der Staubbrille keimt raubritterliche Kühnheit! Atemlos keucht die Hupe unter deiner krampfenden Hand: du bist der Herold einer neuen Majestät! Wie ein Torpedojäger der Landstraße kommst du dahergesaust, grad auf die Ärmsten los, die da im Staube wandeln, just wie der Sperber auf die Maus. Und bist doch sonst ein ganz verträglicher Mensch! Aber kaum fährst du eine Viertelstunde, hast du bereits umdenken gelernt. Und da verlieren mit einem Male so kleinliche Begriffe wie «Mensch» oder «Staatsbürger» jede Bedeutung. Du kennst nur noch «Fahrer» und «Fußgänger». Solche, denen man kollegial ausweicht, und solche, denen man entgegentutet, dass sie selber zusehen müssen, nicht unter die Räder zu kommen. – – –

Bergab, bergauf … was tut's? – Ein leichter Hebeldruck – – lauter schnaubt die Kraft – und du bist oben! Aber halte deine Seele fest, Dichter, dass sie nicht bei den Blumen am Wege oder im Schatten eines Wiesentals verweile! Fern ist die Zeit, da sie frei flattern durfte wie ein Schmetterling, derweil die gelbe Postkutsche in der Mittagshitze den Abhang hinaufkeuchte …

Und während rechts und links das grüne, ährengolddurchwobene Kleid der Ebenen flieht und der Pappeln endlose Kette, lehnst du dich zurück und träumst ihn zu Ende, Dichter, den faustischen Traum der gemeisterten Kraft: – – –

Siehe, du bist der Bräutigam, und sie ist die Braut, die dich entführt zu unvergesslichen Wonnenmonden. Wohin? Wähle nur, Dichter! Ihr ist kein Wunsch zu kühn, kein Ziel zu fern! Sie trägt dich unter die Orangenspaliere von Amalfi oder in Pestos fieberschwangere Tempeleinsamkeit, zu Füßen des Mont Perdu, oder an die heiligen Tore der ewigen Stadt und die Straße nach Tibur hinüber, wo dir auf seinem bescheidenen Maultier der Geist Horazens begegnen wird … Und wenn du dann irgendwo im Schatten kühler Glyzinen ruhst, den Blick zum sanft dunkelnden Abendblau gerichtet, und wähnst, «sie» sei müde von eurem rasenden Ritt, da schwebt sie mit einemmal, wundersam verjüngt, hoch über dir – – und abertausend Menschen jubeln im weiten Feld … empor zur stolzen Kraft, die mit weitem, weißem Fittich wie eine schlanke Möve die Sehnsucht von tausend schaffenden, suchenden, rechnenden Gehirnen – und deine Sehnsucht, o Dichter, hinüberträgt in die Apotheose des Sonnenuntergangs …!

Pierrot
(Ein Mondscheintraum)

Mit halbem Auge, darin lüstern noch das Gestern verflackert und gähnend schon das Heute lauert, schlummert Paris. Hoch über Montmartre hängt der gute Mond wie ein verlockendes Fünffrankenstück und blinzelt durch die Ritzen der Wolken, die wie Kulissen wechselnder Szenerien über das Possenspiel des Lebens gleiten. Und hinterdrein, ein strenger Hirte toller Lämmer, braust der Föhn.

Wo führtest du mich her, nachtwandelnde Phantasie? Und du, Pierrot, mondsüchtiger Pierrot an meiner Seite?

Horch: wie durch gewundene Orgelpfeifen die schmalen Gassen herauf braust der wilde Atem der erwachten Ebenen, der eisbefreiten Flüsse und der tief aufrauschenden Wälder.

Wird dir nicht bang, Pierrot? Dass er dir die Seele zerreiße, die blütenweiße, schlotterige, lächerliche Knabenseele, die du nach außen gewendet am schmächtigen Leibe trägst wie ein Narrenkleid und die wie ein Panier ewiger Sorglosigkeit in allen Winden flattert.

Vorsicht, Pierrot, das Wetter frommt dir nicht. Schau, selbst Frau Luna, deine alte ungelöschte Flamme, scheint verschnupft und träufelt ihr bleiches Licht wie eine müde Kerze. Sie, die du einst durch stille sanfte Dichternächte am Silberstrahl ewigen Heimwehs hinter dir herzogst, wie eine gefügige, stets bereite gute Muse.

«*Bonsoir, Madame La Lune, bonsoir!*» Sing mir, Pierrot, das alte Lied! Nur einmal noch das leichtflatternde Lied der trunkenen Glücksucher.

Vergessen? Auch du, Pierrot, hast es vergessen! Du verwöhnter Liebling Watteaus und Beardsleys, Verlaines und Laforgues, Heiland unserer Dichterjahre, du im Weihrauch der Zigaretten traumhaft bleicher Apoll, still ergebener Märtyrer im Heiligenscheine der Erbsünde, die Jugend heißt! – –

Doch dein Gesicht bleibt mumienstarr vereist, und das schmerzliche Grinsen um den verderbten Knabenmund spricht ernst und stumm:

Ich hasse dich! Dich und deine Zunft, die mir das Herz vergiftete. Was holtet ihr mich von den Brettern meiner Jahrmarktbude, wo ich Possen riss und glücklich war, solange ich keine Seele hatte? Was bliest ihr mir die eure ein, eure Jammerseele voll der entsagungsvollen Pose selbstgefälligen Leids? Was zwangt ihr mich, die Aschermittwochsonne, die mich töten sollte, zu überleben und die Maskerade eurer feigen Eitelkeiten wie ein lächerlicher Prophet euch voran durchs Leben zu tragen? Oh, es ist trostlos, ein Kind der Literatur zu sein! Ihr gabt mir alle destillierten Klugheiten und eitlen Torheiten mit auf den Weg. Lehrtet mich den Mond anstaunen, den Mund weit offen wie eine große Null! Habt mir aus Mondschein ein seiden Kleid gewoben und hießet mich mein blutendes Herz, das euer eigenes war, durch schlaflos weiße Nächte tragen wie einen knallroten Lampion. –

Bis ihr mich eines Morgens zu Tode berauscht auf der Schwelle eurer Schenke liegen ließet wie einen, dessen Schicksal erfüllt ist. Da fanden mich die Straßenkehrer im Morgengraun und schleiften mich hohnlachend von dannen.

Und seither ist Pierrot tot. Nur sein Hass ist noch lebendig und spricht zu euch und streift wie ein Schatten der Rache durch die Aschermittwochfrühe seines entfremdeten Reiches. Und sein hilfloser Hass ist ewig wie seine Lächerlichkeit. Ewig durch das Lied Verlaines wie durch den Pinsel Willettes. – –

Ja, jetzt erkenn' ich dich, Pierrot! Du bist es, Hausgeist des alten «*Chat-Noir*», den sie mit deinem tollen Gefolge von schwarzen Katern und bunten, lustigen Pierretten in den Louvre gehängt haben, damit das vergessliche Paris seinem toten Narren- und Dichterkönig noch einmal huldige.

Und alle kamen und lächelten dir zu. Wohlwollend und spöttisch. Und da hast du unter ihnen Harlekin erspäht, deinen Feind voll buntscheckiger Tücke. Und an seinem Arm hing Columbine. Du erkanntest sie in ihrem Lachen, das wie lauter Leben klingt. Denn Columbine lebt und du bist tot, Pierrot. Und Harlekin heißt der neue König von Paris! Oh, der hat nie umsonst geschmachtet. Der fährt Automobil und lässt in Longchamps die feinsten Stuten rennen, und wenn's ihm Spaß macht, kauft er seiner Columbine dein weinerliches Konterfei zum Spottspiel ihrer Laune.

Armer Pierrot, horch nur, wie Columbinens Lachen gellt! – – –

Und als zerplatztes Kristall an granitener Wand klirrt es wie Echo zurück. Ich weiß, es ist Pierrots armes, gläsernes Herz. –

Da fahre ich auf. Auf der Marmorplatte dicht an meinem Ohr rasselt sich die Weckuhr aus.

Bergstock und Nagelschuhe stehn bereit. Durchs offene Fenster bläht der Föhn die flatternden Gardinen. Endlos weit und offen liegt die wartende Welt. – – –

Und seltsam verflogen ist die Seele meines wirren Traums, – meine kleine weiße Pierrotseele aus Jugendzeit.

Vom sterbenden Montmartre

Montmartre stirbt! Hart und roh verkündet es der klirrende Schlag der Äxte, unter denen die ewigen Bäume fallen in den stillen, lauschigen Gärtchen der Erinnerung, und das dumpfe Krachen der alten, stürzenden Mauern, die soviel hoffende, selige Jugend, soviel hungernde Unbesorgtheit und heimliches Glück geborgen damals, als hier oben noch die Muse der Bohème unumschränkte Königin war: als es noch keine Untergrundbahn auf der «*Place des Abbesses*» gab und weder Gas- noch Wasserleitung in den Malerateliers, dafür aber tausend Munkeleckchen in kühlen, schattigen Büschen und munteres Vogelgezwitscher in mehrhundertjährigen Baumkronen; daneben väterlich langmütige Hausherren und mütterliche Concierges und heimliche Weinstuben in jedem zweiten Haus.

Wer Montmartre – «*La Butte*», wie der echte Pariser sagt – vor zwanzig und mehr Jahren gesehen, erkennt es ja längst nicht wieder. Langsam, schrittweise tat die unaufhaltsame Vernichtung ihr Werk. Eine nach der andern sind die Windmühlen gefallen, diese nach allen Winden munter kreisenden, lebendigen Symbole leichtbeschwingten Geistes, die schon Tasso bestaunte, als er mit dem Kardinal von Este die lachende «*Isle de France*» besuchte. Hoch auf den steilen Zinnen des längst modernisierten Tanzlokals «*Moulin de la Galette*» streckt das letzte Mühlenpaar die toten, starren Flügelkreuze, die kein Windstoß und kein Walzertakt mehr belebt, gespenstig in die Nacht.

Längst ist auch der «*Mâquis*», das «Räuberdickicht», ausgerodet, wo in pittoresken Holzbaracken allerlei Zigeunervolk, Kesselflicker, Korbflechter und Apachen hausten, unter denen ein Steinlen die beliebtesten und vollendetsten Modelle für seine sozialen Lebensbilder fand. Noch steht vielleicht einsam an der steilsten, sozusagen «alpinsten» Ecke der alten «*Rue du Mont-Cenis*» das verwitterte, einfenstrige Gartenhaus, in dem Berlioz seinen *Benvenuto Cellini* schrieb, und der Vandalismus der modernen Weltstadtarchitekten hat lange den urwaldartigen Märchengarten des Zeichners Léandre verschont, in den zur Nachtzeit mitunter die Apachen der Nachbarschaft einschlüpfen, um Kriegsrat zu halten oder mit blanker Klinge ihre kleinen Kavaliershändel zu regeln. Da singt in der rauchgeschwärzten Räuberhöhle zum «*Lapin agile*» der alte, weinselige Kunsttöpfer und Kabarettwirt Frédé mit dem graubärtig verwilderten Banditenkopf seine alten, vergessenen Volksweisen und die sterbenden Liebeslieder von Montmartre: von Ronsart bis Verlaine und Bruant. – Doch wie lange noch lebt dies Gestern?

Wie ein Riesengeschwür sitzt der allzu nagelneue, ganz auf Fernwirkung berechnete monumentale Kuppelbau des «*Sacré-Cœur*» auf dem Gipfel der altehrwürdigen «*Butte*». Sein Dasein wirkt als brutale Besitzergreifung. Er mutet an wie die Herrenburg des fremden Eroberers, um die der hörige Kranz der fünfstöckigen Mietskasernen sich langsam schließt. Allenthalben wachsen diese mit plumper, beleidigender Dreistigkeit aus der vernichteten Ländlichkeit dieses stadtfernen Musenhains. In unwiderstehlichen Sturmkolonnen erklettern die steinernen Kolosse die zerklüfteten Abhänge, an denen einst die bodenständigen Reben sich sonnten – just als seien sie gesandt, um Rache zu nehmen für die hohnlachende respektlose Tyrannei des Geistes, unter die das muntere Künstlervölkchen da oben die Selbstgefälligkeit der Bürgerhauptstadt gebeugt!

Denn mehrmals schon im Laufe der Jahrhunderte ward das stolze Paris von Montmartre bezwungen. Und nicht bloß geistig! Von hier aus zog Heinrich von Navarra als Sieger ein, nachdem er erst das junge Herz der fünfzehnjährigen Äbtissin von Beauvilliers ritterlich gestürmt, die Herrin auf Montmartre war. Damals war noch alles schauerliche Wildnis da oben. Selbst die jetzigen «großen Boulevards» galten als gefährlich abgelegen. Der galante König aber, dem Paris eine Messe wert gewesen, liebte die nächtlichen Abenteuer und baute ganz oben am Rande der finstern und steilen «*Rue des Saules*» das Liebesnestchen seiner schönen Gabriele. Wir haben noch den alten Park gekannt und die letzte Mauer mit dem heimlichen Pförtchen, dessen verschwiegene Erinnerungen an schwülen Sommerabenden den ewig jungen Traum der alten Lieder weckten.

Die großen, welthistorischen Tage von Montmartre aber fallen mit dem Sturz der napoleonischen Herrschaft zusammen. Dort standen die französischen Batterien, die den Verbündeten den Einzug in Paris wehren sollten. Sie waren Napoleons letzte Hoffnung. Und als die Russen den Berg stürmten, ließen sich die Kanoniere von Montmartre auf ihren Lafetten erschlagen. Napoleon fasste die Nachricht kaum: Paris genommen! ... «Aber Montmartre?» soll er ungläubig ausgerufen haben.

Und ist es nicht, als sei etwas von der kriegerischen Weihe dieses kaiserlichen Wortes bis heute im Geiste der «*Butte*» lebendig geblieben? Jahrzehntelang war sie die Künstlerfreistatt von Paris, die Hochburg aller romantischen Bohème gegen die Übermacht des Philistertums. Sie hatte ihre Heimatkünstler, ihren «Ruysdaël» Georges Michel und ihren «Windmühlen-Rafael» Hoguet. Manet und sein Kreis versammelten sich zeitweise hier, und dem «*Moulin de la Galette*» verdankt Renoir eines seiner berühmtesten Bilder. In den abschüssigen, wimmelnden Volksgässchen, unter den Gemüseweibern und Straßensängern, Apachen und Grisetten der nördlichen Boulevards erlauschte ein Steinlen die sozialen Leitmotive seiner Kunst, und ein Gustave Charpentier träumte hoch dort oben den jubelnden Liebestraum seiner «Louise». Hier fand ein Toulouse-Lautrec den Urstoff für seine unerhörten, visionär-metaphysischen Schöpfungen, und ein Willette seine mondsüchtige Pierrotseele. Von hier oben endlich lernten alle echten Pariser Humoristen und Satiriker mit Wort und Stift der Bourgeoiswelt mit virtuoser Treffsicherheit auf den Kopf spucken. Dorther kam denn auch der legendäre «schwarze Kater» nächtlicherweise herabgeschlichen, um gar bald, vom selbstgeadelten Edelmann Rodolphe Salis in Freiheit dressiert, die Dachrinnen des internationalen Ruhmes zu erklettern.

Ja, der gute, alte, selige «*Chat Noir*»! Manchen hörte man da dereinst recht salonwidrig «miauen», der heute warm im seidenen Kissen der öffentlichen Gunst sitzt, das silberne Glöcklein jener biederen Berühmtheit am Hals, die seinem jugendlichen Furor so verächtlich dünkte! Ein Maurice Donnay brachte es bekanntlich bis zur Akademie und Maurice Boukay gar zum Handelsminister!

In diesem weltbekannten «*Chat Noir*» nahm wohl zum allerersten Mal jener launische Spottvogel greifbare Gestalt an, den man kurzerhand als Esprit von Montmartre bezeichnen kann. Denn genau wie das Münchener Schwabing, so ist auch Montmartre aus einem topographischen längst ein psychologischer Begriff geworden, in dem sich all das konzentriert, was in Paris an loser Künstlerlaune und leichtgeschürztem Poetensingsang produziert wird.

Heute aber wird dieser Geist täglich heimatloser. Er hat das fröhliche Hungerleiden verlernt; hat sich unten im kosmopolitischen Weltstadttreiben der Boulevards geschäftlich niedergelassen und fristet daselbst, dank der kapitalkräftigeren Gunst eines internationalen Reisepublikums, ein ganz künstliches, marktschreierisches Dasein.

Montmartre stirbt. Die vielgeschäftige Welt regt sich darob nicht auf. Der und jener aber, der heute den Edelstein seines Talentes in gut bürgerlicher Fassung zur Schau trägt, besinnt sich bisweilen auf seine Jugendzeit, da er das ungeschliffene Kleinod nach Herzenslust funkeln ließ und noch Muße fand für Tanz und Liebe. Und die Erinnerung klettert die krummen Gassen und holprigen Stiegen hinauf in die höchsten, engsten Mansarden des heiligen Berges. Hier singt in rauchigen Kneipen, zwischen bilderbehängten Wänden, die Traumgitarre die alten Weisen. Und deinen Mund küssen Mädchen mit blassen Lippen, die das nächtlich strahlende Paris nicht hinuntergelockt. Nenn sie Mimi, nenn sie Ninon und trotze dem nüchternen Leben die eine Nacht ab, die sie dir schenkt. Denn sieh', du bist im Ghetto der Bohème! Ein Tropfen Grisettenblut perlt in deinem Glase. Der macht trunken und gläubig.

[...]

– – –

Aus dem Boulevard-Kabarett [...] bin ich oft den Montmartre-Berg hinaufgeklettert, bis zum stillen ländlichen Häuschen des letzten Freundes, der noch dort oben nistet. Wir haben uns ans Fenster gesetzt, das der wilde Wein umrankt. Tief unten, unerreichbar fern, strahlte Paris, endlos wie eine Meeresbucht voll leuchtender Schiffe, die den Reichtum und die Sehnsucht fremder Küsten und den lauten, rastlosen Kampf einer lebenstrunkenen Menschheit tragen. Und aus der leuchtenden Tiefe stieg dumpf und drohend ein fernes Rauschen herauf in unsere dunkle Stille: – die Schicksalsstimme der Weltstadt, die wie ein Babelturm zum Himmel wachsen will!

Das Schwabing von Paris

Wenn erst mal die letzten Reste des altehrwürdigen Montmartre unter der Hacke der Zertrümmerer zu Staub zerfallen und bis dort hinauf, wo um morsche Holzbaracken, in denen wildausschauende Kunstmaler hausen, die paar letzten lauschigen Gärtchen grünen, die steinernen Marschkolonnen der Mietkasernen vorgerückt sein werden; wenn der launige Spottvogel, der einst hier oben sang, seinen Esprit in den Schankbuden des Boulevards de Clichy vollends an durchreisende Snobs und leicht verblüffte Provinzler verzapft haben wird – dann erst wird Paris merken, dass es schon seit Jahren sein Schwabing besitzt. Jawohl, sein richtiges Schwabing mit waschechten Schwabingern!

Auf dem Stadtplan heißt es allerdings Montparnasse. Und der Herr Apache, der in den Bars und Tanzlokalen des Viertels verkehrt, nennt's familiär «Montparno» oder noch kürzer «Parno». Sein Montparnasse ist die pittoreske «*Rue de la Gaîté*», die ihren Namen wahrlich nicht gestohlen hat; denn im Sprühlicht ihrer unzähligen Bars, billigen Restaurants, Konditoreien, Basare, Volkstheater, Tingeltangel und Kinos feiert allabendlich bis zur Mitternacht allerhand kleinbürgerliches Volk die bescheidenen Orgien angeborenen Frohsinns. Da werden vor einem ausverkauften und angeregten, ja sozusagen «mitspielenden» Parkett von kragenlosen Kavalieren mit Schirmmütze, orangenschälenden Damen mit bemalten Lippen und kunstvoll gefärbter Frisur, und Müttern, die den Säugling im Arm wiegen, Dumas «Drei Musketiere» gespielt, dass es in Arizona drüben nicht fideler hergehen könnte!

Doch das ist nicht unser Montparnasse. In unserem Montparnasse glaubt man sich meilenweit von Paris. Die paar Franzosen, die daselbst als Farbhändler, Kleinkrämer, Trödler, Flickschneider und Hausmeister von englischem, amerikanischem, russischem und chinesischem Gelde sich nähren, kommen sich wie in einem fremden Heerlager vor, und nicht umsonst erzählt eine witzige Sage, ein wirklicher Pariser sei hier unlängst an Heimweh gestorben. Dieses Montparnasse, in das die duftige Kühle des nahen Luxembourg zwischen den prächtigen Baumalleen der Observatoriumsavenue herüberhaucht, diese Freistatt aller möglichen und unmöglichen Individualismen, dies Massenquartier der zugereisten Spleene, es ist für uns Schwabing – wir können's nicht anders nennen!

Denn wir gingen nie an der Trottoirterrasse des wohlbekannten «*Café du Dôme*» vorbei, ohne dass uns hinter seinem Apéritif oder über den Rand einer Zeitung weg irgendein gewesener Stammgast des «*Café Stephanie*» entgegengrinste. Und wir fühlten sofort: In Paris sind diese Typen nicht gewachsen; sie müssen oder könnten wenigstens alle aus Schwabing sein. Auf Montmartre oben ist noch der alte Bohémien in schraubenförmiger Samthose, mit Schlapphut, Vollbart und wehender Krawatte vereinzelt zu finden. Auf Montparnasse dagegen geht fast alles glattrasiert und in englischem Dress. Normaltyp ist hier der amerikanische Kunstmaler, der schweigend lange, dekorative Rauchschleifen aus seiner Meerschaumpfeife zieht, und dessen Geldbeutel beschuldigt wird, die Atelierpreise jährlich höherzutreiben. Daneben finden sich zahllose ganz «ausgefallene» Gestalten: Da kommt so ein hagerer Fremdling daher, schlank wie ein russischer Windhund, der sich bei sinkender Nacht bis über die Ohren in einen weiten, schwarzen Mantel hüllt, weshalb ihn die kleine Manon, das Modellchen mit dem lockigen Bubenkopf, angstvoll für den verkleideten Teufel hält. Dort geht der englische Maler, der immer einen dicken Überzieher, aber niemals einen Hut trägt, und den wir seinerzeit in der Bohèmepension Schwabings mit der Virtuosität eines Variété-Schwarzen «Banjo» spielen hörten. Dort nahen die drei unzertrennlichen Argentinier, wie richtige Gauchos in den Mantel gewickelt und – wie Don Pizarro! – den drohenden Blick vom spitzen Riesenhut beschattet. Vor dem Rotonde-Café aber sitzt, breitspurig wie der rhodische Koloss, der Wunderdoktor aus dem Balkan, der die Leut' nach seiner Art kuriert und einst bei norddeutschen Maldamen als Genie galt. Was diesen Ruf noch besonders stützt, ist die verbreitete Kunde, dass er auf seinem Laboratoriumsgas seinen Abendtee in Retorten kocht und aus Reagenzgläsern trinkt ...

Montparnasse ist, weit mehr als Montmartre, das eigentliche Malerviertel von Paris. Hier finden sich in Straßen mit den pittoresken Namen «*La Grande Chaumière*», «*Campagne Première*», «*Notre Dame des Champs*» usw. die bekanntesten Privatakademien. Vornehme und bescheidenere, solche für amerikanische Millionärinnen, die in einer hochfeudalen Pension mit Livreediener an der Tür residieren, und andere, in die man sein Mittagessen selber mitbringt und für einen Sou auf dem Gasherd aufwärmen kann, speziell für «schlawinerische» Malweiber, die in turmhohen Dachkammern oder in altersgrauen, morschen Klosterzellen hausen.

Denn Montparnasse hat seine alten Klöster. Derweil ich schreibe, blicke ich durchs Fenster in einen stillen, erfreulich grünen Garten voll hoher Bäume und gepflegter Rasenflächen. Da wandelt just ein Zug schwarzer Nonnen zur Kapelle hinüber, deren steinernes Kreuz schwarz und scharf über die Nachbardächer in den Abendhimmel ragt.

Montparnasse hat auch seine riesigen Atelierhäuser mit papierdünnen, rupfenbezogenen Wänden, unzähligen Stiegen und schmalen, finsteren Gängen, die das aufdringliche Parfüm der kleinen Modelle bewahren und deren labyrinthisches Netz komplizierter scheint als der Stadtplan von Paris. Wer auf Montparnasse einen ausländischen Kunstmaler sucht, tut gut, auf Nr. 9 «*Campagne Première*» nachzufragen. Er wohnt fast immer dort. Die poetischeren freilich hausen lieber in den Malbaracken der äußeren Peripherie, wo man zum Atelier für ein paar Franken jährlich seinen Quadratmeter Ländlichkeit mieten kann, einen sogenannten «Garten» aus urwaldartigem Gestrüpp, gerade groß genug, um einen Liegestuhl hinzustellen und seine Wäsche darüber aufzuhängen. An schönen Sommerabenden aber soll man daselbst Nachtigallen zwitschern hören ...

*

Hier bin ich Mimi wiederbegegnet. Kennt ihr Mimi nicht? Mimi, dies unsterbliche, vom Bohèmedichter Murger verewigte Urbild der Grisette! Es war selbstverständlich Frühling. So ein echter Frühling von lauter blauen Tagen, die hoch und klar über dem jungen Grün noch unbestaubter

Kastanienbäume und ehrwürdig lauschiger Parke sich wölben. Oh! die Pracht dieser Bäume! Schlank und hoch und mit weißen Blütenkerzen wie zum Fest geschmückt. Und die blendenden Feuerwerke der nächtlichen Straßen legen sich silbern wie Mondschein auf ihr junges, sanftzitterndes Laub. Draußen aber, in den Vorstädten, schmiegen sich die kleinen, aus ihrem Winterschlaf erwachten Villen wie Liebesnester so heimlich ins bergende Grün.

Auf dem bescheidenen Modehütchen, der wie ein schützender Helm das eirunde Köpfchen umschloss, wippte leicht die steife Aigrette; und als ich sie fragte, wie es ihr heuer gehe, da verzog sie das Mündchen zu einem rätselhaften Lächeln, und ihre Augen suchten den blauen Himmel hoch über den wiegenden Baumkronen. Da wusste ich: Mimi ist wieder einmal verliebt! Doch heuer ist es kein Leinwandschmierer und kein Verseschmied, auch nicht sonst ein Hungerleider, der auf dem Speicher haust und von künftigem Ruhme träumt. Mimi will jetzt höher hinaus. Sie hat ihr Dutzendherzchen dem patentierten Träger neuzeitlicher Ideale verpfändet. Materialistischer als ehedem, denkt sie dabei wohl auch ein bisschen an die klingenden Siegesprämien, die dem Herzgeliebten damals nicht winkten, als dieser noch ein armer Poet war. Deshalb liebt Mimi, die moderne, nur noch einen Rekordflieger oder Meisterboxer – und trägt seither ihr keckes Näschen noch höher als sonst.

*

Es ist noch gar nicht sehr lange her, dass Paris zum Bewusstsein dieses seines «Schwabing» richtig erwacht ist. In der

Chronik von Montparnasse wird diese ruhmreiche Epoche dereinst wohl der «Krieg der beiden Ufer» heißen, so wie es etwa in England einen «Krieg der beiden Rosen» gegeben. Gemeint sind natürlich die zwei Ufer der Seine, das rechte und das linke, diese von jeher fremden, neuerdings gar feindlichen Welten. Kundige Psychologen behaupten, aus der bloßen Adresse eines Pariser Künstlers oder Literaten auf seine ganze Sinnesart schließen zu können. Links der Seine wohnt der stille, beschauliche Intellektualismus, die geldarme, aber hoffnungsreiche Jugend, die studierende Bohème des *Quartier Latin*. Am rechten Ufer dagegen locken und leuchten die Boulevards mit ihrem weltstädtischen Luxus, ihren Geschäftstheatern, großen Tageszeitungen, milliardenreichen Bankhäusern und weltberühmten Damenschneidern. Dereinst brach sich der Wogenschwall dieser glitzernden Welt am Fuße der stolzen «*Butte Montmartre*». Heute schlägt die Welle schon beinah darüber hinweg. Und je weniger von der alten Künstlerfreiheit Montmartre übrigbleibt, desto selbstbewusster wird das junge Montparnasse.

Paris hat dies damals erfahren, als es galt, den Dichtern Frankreichs einen neuen Fürsten zu geben. Da ward am ganzen linken Ufer zum Kreuzzuge geblasen wider den idealfremden Geschäftsjournalismus, die Tantièmendramatik der Boulevards. Und der schließlich den Ehrenkranz errang, war Paul Fort, der Balladendichter vom Montparnasse, residierender Serenissimus der «*Closerie des Lilas*».

Welch ein Stück Schwabing, diese «*Closerie*»! Hübsch an einem geräumigen Platz gelegen, mit ihrer baumbeschatteten Terrasse, von der aus man die stolzen Baumalleen hinauf bis zum Eingang des Luxembourg blickt, ist sie das Standquartier der verschiedensten Cénacles. Vorübergehend in Paris weilende Münchner Künstler und Poeten trafen daselbst einst zur Mitternacht ihre Freunde, und neben dem Dichterfürsten hauste und spektakelte hier einst Herr Marinetti, seines Zeichens Häuptling der futuristischen Horde.

Es sind hier immer ganz zahme, blasse Jünglinge dabei, die nicht halb so gefährlich aussehen, als sie gerne möchten. Sie fühlen sich als die Bannerträger, als die Ehrenretter von Montparnasse, und ihre Bewunderer glauben, die *Closerie* werde für die Kunst der Zukunft dereinst dasselbe bedeuten, was für den längst abgetanen Impressionismus die «*Nouvelle Athène*» auf Montmartre gewesen.

Montparnasse ist eben mehr als ein Stadtviertel; es ist eine Weltanschauung – genau wie Schwabing. Üppig wachsen Kubismus, Futurismus und andere «...ismen» auf diesem vom internationalen Wahnwitz gedüngten Freiheitsboden. Freilich ist jene «Weltanschauung» den meisten nicht mehr als eine Kaffeehausfrage. Aber ist es nicht Tragik – die Tragik von Schwabing und Montparnasse! –, dass mancher vielleicht leichter seine sogenannte Weltanschauung wechseln würde als sein Stammcafé?

Das Café

Ich glaube, es war der irische Schriftsteller George Moore – oder war es Stendhal? – der auf die Frage, wie die Kunst am besten zu fördern sei, die verblüffende Antwort gab: «Gründet Cafés!»

Damit ist eine ganze Zeitepoche schlagend charakterisiert, ihre großstädtischen Voraussetzungen und ihr spekulatives Ausschweifen, ihre plauderhafte Regsamkeit und dialektische Vergeistigung. Das Literaturcafé ist eine großstädtische Einrichtung. Wie ein Logenrand hineingebaut ins laute Schauspiel des Lebens, birgt es seine Zellen der Einsamkeit und stummen Leidensfähigkeit wie seine unbegrenzten Möglichkeiten engerer und weiterer Zirkelbildung. Es ist öffentliche Heimstätte, Ort der hingebenden oder zurückhaltenden Fühlungnahme mit anderen Menschen, der Assimilation und Eingliederung in eine Kulturgemeinschaft, wie des individualistischen Absonderungsbedürfnisses. Dem bewussten Sammler von Menschenkenntnis, dem Seelenzergliederer Ibsen, bot es ergiebige Beute. Manchem ruhelosen Nervenmenschen, den die Behaglichkeit des Studierzimmers erstickt, ist es zeitweise die einzige mögliche Arbeitsstätte. Heimat bietet seine willkürlich dehn- und einschränkbare Geselligkeit dem Halt- und Herdlosen, dem richtigen Bohémien. Wesentliche Kunstumstürze sind im Café mit sitzlederner Beharrlichkeit wenigstens theoretisch vorbereitet und geklärt worden. Man braucht nur das Café «Neu-Athen» auf Montmartre zu nennen, wo vor fünfzig Jahren die Malerrevolutionäre um Manet ihre schaffensträchtigen Nächte versaßen. Und was verdankt Strindberg in seiner qualvollsten Zeit, was ein Verlaine und ein Peter Altenberg ihr Leben lang der heimischen Freistatt am Marmortisch!

Hier ist auch der Ort, wo sich jenes vielgestaltige Grenzvölkchen formt und breit macht, das wir «bürgerliche Bohème» nennen wollen: allerlei Leutchen, die sich schöngeistigen Müßiggang leisten können und als Dilettanten und Amateure der Kunst, Literatur und Musik ein Leben von intellektueller Künstlichkeit am Rande der Kunst führen, ein kampfloses und wortreiches Dasein, oft abstrakt und entwurzelt, im großen ganzen aber doch gut bürgerlich umgrenzt.

Diese bürgerlichen Periöken der Kunst bilden überall einen Wesensbestandteil des Bohèmekreises. Ihnen gesellen sich gelegentlich allerlei Angehörige gutbürgerlicher Berufsstände zu: Anwälte, Ärzte, Ingenieure, die ein persönliches Verhältnis zu Kunst und Künstlern in deren Lebenskreise zieht und zu Gästen der Literatencafés und Atelierfeste macht. Das sind Gelegenheits-Bohémiens, deren Normalleben auf sonstiger Leistung und Berufstätigkeit beruht. Sie werden umso zahlreicher, je mehr zuzeiten die bürgerliche Zuneigung zur Bohèmepose guter Ton und Mode wird. Es gibt Epochen mit ganz ausgesprochenen Bohème-Allüren. Dann pflegen emanzipierte Kommerzienratstöchter ihre ausartungslüsternen Papas und Mamas in jene nächtlichen «Lupanare sozialethischer Auflösung» zu schleifen, wo man leichte Lasterhaftigkeit vornehm mimt und Romantik der Gesetzlosigkeit als verdauliche Bowlenmischung durch Strohhalme saugen kann. Was gestern noch grässlich verpönt war, wird plötzlich «schick»:

die Bohème zum *«dernier cri»* bürgerlicher Snobisterei, zur mondänen Maskerade.

Doch dann machen sich die wirklichen Bohémiens unsichtbar; sie erwachen zum Bewusstsein ihrer Erniedrigung; sie flüchten vor den Eindringlingen in ihr wirkliches inneres Freiheitsverlangen, überlassen ihnen die Stätten ihrer einstigen ungezwungenen Geselligkeit und verkriechen sich in ihr eigenes, schicksalsschweres Gesetz.

*

Diese Einwanderung fremder Elemente hat stark dazu beigetragen, das Literaturcafé wie das Künstlerkabarett im Kern zu töten. Namen sind geblieben, doch der Geist ist fort, das Wesen tiefgewandelt. Die junge Generation rückt davon ab. Was Wunder in unserer Zeit rastloser Geschäftigkeit und härtesten Daseinskampfes, wo es Leute gibt, die rasch ins Café springen, weil sie wirklich Durst haben oder in Eile den jüngsten Kurszettel lesen wollen. Heute, wo der Künstler allzu viele im Automobiltempo hinter dem flüchtigen Ruhm herlaufen, wo der Schriftsteller jeden armseligen Gedankensplitter zu einem Essay ausweiten und ängstlich darüber wachen muss, dass kein flinkerer Nachbar ihn vorwegstehle.

Wenn wir nachts nach Theaterschluss auf der Terrasse oder hinter der Spiegelscheibe unseres Großstadtcafés sitzen, beim schmachtenden Geigenspiel eines mehr oder minder echten Zigeunerprimas das babylonische Völkergewimmel, das den Vergnügungslokalen entströmt, an unserer ergebenen Ruhe vorüberlassen und auf den abertausend Gesichtern die Sprache des Lebens lesen, unseres hastigen, nervösen Weltstadtdaseins, dann fühlen wir Menschen von heute, wie der neue Rhythmus uns erfasst und trägt, der die Alten von gestern aus ihrem Geleise wirft.

Unser Auge trinkt die Buntheit des Straßenbildes, die flammenden Meteore der Lichtreklamen, die an der endlosen Straßenflucht blitzartig aufleuchten und verlöschen, und das gellende Getute der Automobildrommeten zerreißt uns das Ohr. Gewiss, wir plaudern wenig. Wie könnten wir's auch? Eingepfercht zwischen einem glattrasierten Amerikaner und einem undefinierbar glutäugigen Exoten, der vielleicht gar ein brasilianischer Pferdedieb ist, schauen wir über den Kopf eines chinesischen Straßenjungen hinweg, der uns mit vier blitzenden Dolchen etwas vorjongliert, still und fremd vor uns hin, auf die Menschenmassen, die vorüberwogen, und lauschen dem tragischen Sang moderner Heimatlosigkeit, der dem dunklen Schoß dieses Babels entquillt.

So sitzen wir Beobachter von heute in unseren Randlogen des Lebens. Und wo die lustigen Bohémiens von gestern die leichten Spiele ihrer launigen Geselligkeit übten, da lernen wir die andere, vielleicht schwierigere Kunst: einsam zu sein.

Im Basar

Ich habe mir fest vorgenommen, nie wieder den Fuß in den Laden meines Freundes Ali Bumba zu setzen. Und ein Wort ist ein Wort! «Inschallah» würde er selbst in solchem Falle mit frommem Augenaufschlag sagen. Aber … mehr als irgendwo in dieser Welt der Schwächen pflegt hierzulande, unter dem glühenden Deckel des afrikanischen Himmels, der grimmigste Vorsatz im großen Tiegel fatalistischer Weltweisheit wie Butter zu zerfließen. Nach wenigen Tagen schon merkst du: Deine vielgepriesene europäische Tätigkeitsgier war eine harmlose Eintagsfliege auf der undurchdringlichen Nilpferdhaut dieses gewaltigsten Erdteils und seiner unter buntester Oberfläche ganz nach innen gewandten orientalisch-afrikanischen Lebenskunst. Und alle Entschlüsse enden schließlich immer wieder da, wohin hier alle Straßen führen, und wo auch ich nach längerem Umherirren durch die Winkelgässchen der Araberstadt wieder glücklich angelangt bin: im Basar.

Wo anders als hier, in diesem letzten lebendigen Winkel trügerischer Märchenwelt, könnte ich denn meine vielen müßigen Stunden verschleudern, wenn ich mich nicht wieder bis zum kosmopolitischen «*Café de la Terrasse*» erniedrigen will, wo europäische Eindringlingsmanier sich unschön breit macht, grau und wesensfremd zwischen dem ölglatten Spiegel des blauesten aller Meere und dem rätselgewaltigsten Hintergrund: Afrika?

Wohin anders als hierher, in die dämmerkühl übergitterten, nach Honigkuchen und Rosenöl, Eselbrunst und Menschenschweiß riechenden Windungen dieser unentwirrbar schmalen Gässchen, die dem Fremden auf Schritt und Tritt die ganze Märchenfülle des Orients wie Goldsand in die Augen werfen, – wohin anders sollte ich wohl der erschreckenden Banalität des Hotelrauchzimmers entfliehen?

Hier ist gut sein. Hier spaziert die lässige Phantasie anstrengungslos weit außerhalb aller nüchternen Daseinsvorstellungen. Hier ist der Wellenschlag abendländischer Kultur gebrochen; hier ist noch tausendjähriges Kalifenreich. Am starren Lächeln dieser Ewigkeit scheitert der übereilte Geschäftssinn aller Amerikatruste. Europäische Maschinenwut griff noch nicht mörderisch in die stille Zeitlosigkeit dieser engen Handwerkerbuden, wo geduldige und geschickte, liebevolle Hände mit ursprünglichsten Werkzeugen hantieren, ohne einen Aufblick zum Fremden, zum «Rumi», der ich bin, und der seine neugierige Nase so frech spazierenträgt. Ihre überlegene Gleichgültigkeit redet die große, stumme Sprache Afrikas. Sie sagt zum Europäer: Ich nenne dich «Sidi», denn du hast die äußere Kraft und brutale Gier des Raubtieres. Aber du bist dumm. Die Seele von uns Menschen und Dingen, all das Geheimnisvolle, was uns eint, das wirst du nie begreifen – Inschallah! Und ich glaube meinen Freund Ali Bumba zu hören: «Du hast noch nicht die große Weisheit!» Und sehe ihn gütig und unergründlich lächeln ...

Dort, gleich um die nächste Ecke, im vornehmsten Viertel des vielverzweigten «Suks» – wie der Afrikaner seinen Basar nennt – steht zwischen lärmenden Nachbarn, still und diskret, Ali Bumbas Laden. Ich weiß es genau, und meine Füße streben ganz unwillkürlich dahin, wie das Kamel zum Oasenbrunnen ... Aber ich habe mir fest vorgenommen ... und schreite also stolz vorbei, obschon ich durch das kleine Guckloch, hinter dem mein lieber Freund den ganzen Tag Siesta hält, ein spähendes Auge zu erblicken glaubte. Entschluss bleibt Entschluss ... und Afrika soll mich kennenlernen!

Ich bin also glücklich vorbei, gehe zum Nachbar Abdul Abbas, dem Teppichhändler, und lasse mir zum zwanzigsten Male die Herrlichkeiten seines Prachtstückes erklären, eines kostbaren Moscheeteppichs aus Marakesch, der einen Sultan auf der Hofjagd darstellt, und aus Schafwolle, Rohseide und Kamelhaar geknüpft und nach geheimnisvollen Familienrezepten mit Trauben- und Orangenlauge gebeizt ist. Lasse mir Gebetteppiche zeigen, die abends mit der eingewobenen Moscheekuppel gen Mekka gebreitet werden, überall wo der Prophet seine Gläubigen hat.

Und einen Stand weiter bin ich beim Silber- und Waffenschmied Hassan, spiele mit Armbändern und großen maurischen Ohrringen, lasse das Radschloss der perlmuttereingelegten langen Araberflinten knacken, ziehe manchen goldbronzierten Damaskusstahl aus seiner krummen Kupferscheide; streichle dann beim Nachbar, dem Stoffhändler, die zartfarbigen, spinnwebweichen Seidenschleier, unter denen schöne Sultaninnen schmachten müssten ... Und so schlendere ich weiter, ohne zu kaufen, doch indem ich jedesmal die betrachtete Ware über alle Maßen lobe. Auf allzu schmierigen Kissen kauernd, den «Kaua» aus kleinen, schmutzigen Mokkatässchen zu trinken, lockt mich nicht mehr, und die Parfümhändler, die wie Götzenbilder regungslos und vornehm inmitten ihrer kerzendünnen Duftfläschchen thronen, lasse ich unbeachtet, um desto länger bei den Sattlern zu verweilen (...). Was sind mir Namen, was sind mir Zahlen? Sind nicht alle hier aufgestapelten Jahrhunderte wie ein einziger Tag, die Wonne einer Nacht, die sich ewig wiederholt, unendlich mannigfaltig, wie das süße, uns Kulturwilden verlorengegangene paradiesische Glück? Die «Weisheit», Vielwisser, die Weisheit hast du nicht! ...

Aber so kommt es, dass ich nun seit drei Tagen wie heimatlos in der sonnenheißen Stadt umherirre und sogar das öde Europäerviertel besichtigt habe, um schließlich doch immer wieder vor Ali Bumbas schweigsamem Laden zu stehen, wie eben jetzt ... Und mir ist, als wäre das Guckloch etwas weiter geöffnet, und als sähe ich Ali Bumbas unergründliches Lächeln. Meine Hand liegt auf dem Öffner ... Ich trete ein; muffig umfängt mich das wohlvertraute kühle Halbdunkel ... Gottlob, der «Andere» ist nicht da! Ali Bumba hat mich längst erkannt. Mir zu Ehren erhebt er seine Beleibtheit, diese Zier des wahren Gläubigen, aus den Kissen, und legt sogar den «Tesbih», den Rosenkranz mit den neunundneunzig Bernsteinkugeln, aus der Hand, um die meine zu drücken, des Ungläubigen unreine Hand. Ich bin tief gerührt. «Ali Bumba», sage ich in jenem «Sabir» genannten Kauderwelsch, in dem sich Eingeborene und Europäer hierzulande verständigen, «ich habe heute viele kostbare Sachen gesehen. Ich war bei deinem Nachbar Hassan, und bei Abdul Abbas; aber ich habe nichts gekauft, weil nichts im ganzen Suk der Pracht deiner Schätze gleicht!» ... Ich möchte noch viel mehr sagen, aber meine «Sabir»-Kenntnisse sind zu Ende. Ali Bumba lächelt gütig, führt den Handrücken an die Stirn und die Handfläche dann aufs Herz und sagt nur: «Freund!» ... Dann schweigt er einen Augenblick und scheint zu überlegen. Plötzlich ergreift er meine Hand und führt mich zum schweren Vorhang, der die hintere Schatzkammer vom Verkaufsraum des Allerweltszeuges scheidet. Mit weihevollen Gefühlen betrete ich wie immer den heiligen Raum, in dem es so sonderbar riecht, wie in einer Truhe voll alten Hausrates. Ali Bumba ist in den finstersten Winkel getreten, räumt Teppiche und Kisten weg und kramt lange in unsichtbaren Tiefen. Endlich kommt er wieder auf mich zu und holt vorsichtig etwas aus den Falten seines Gewandes. Hastig, halblaut erklärt er mir: Dies ist ein Koran, den der Urenkel des Propheten, Mohammed ben Mohammed, mit eigener Hand abgeschrieben, und den er selbst, Ali Bumba, mit Lebensgefahr von seiner Pilgerfahrt nach Mekka mitgebracht hat. Dies heilige Buch, das sein größter Schatz sei, wegzugeben, und gar an einen «Rumi», sei eine sehr schwere Sünde. Aber er hoffe, dass Allah sie ihm verzeihen werde, denn er verkaufe das Buch nicht; er schenke es mir aus reiner Freundschaft, damit es mir die Weisheit bringe, die mir fehlt ... Allerdings müsse er an seine arme Seele denken ... und wenn ich denn durchaus wolle, könne ich ihm ja den Preis zurückerstatten, den er dem heiligen Marabut werde zahlen müssen, damit dieser für seine Seele bete. Dies Ablassgeld wolle er schließlich von mir annehmen. Der gelehrte Rumi – damit meinte er meinen wichtigtuenden Rivalen – wollte schon das Doppelte dafür geben, ich aber sei sein Freund, und er schenke mir den Schatz. – Inschallah!

Ich besinne mich nicht lang, zahle Ali Bumbas Sündenpreis, verstecke meinen Kauf – fast möchte ich sagen:

meinen Raub! – unter dem weiten Tropenleinenrock, drücke Ali Bumba innigst und schweigsam die treue Freundeshand und eile wie ein Dieb davon. Und wie ich bei Hassan, dem Silberschmied, vorbeigehe, zeigt mir ein Spiegel, den zwei verschlungene Silberschlangen rahmen, mein befriedigtes Gesicht ... Doch da ich gerade um die Ecke biegen will und noch einen flüchtigen Blick zurückwerfe, wen seh ich grad bei Ali Bumba verschwinden? Den Anderen! Mir ward plötzlich ungemütlich. Zentnerschwer liegt mir das heilige Buch des Prophetenurenkels unter dem Rock auf dem Magen ... Die mir wohlbekannten Gässchen sind auf einmal voll drohender Gestalten, die mich finster anschauen ... Etwas wie «heiliger Krieg» umdräut mich mit siedender Glut.

– – – – – –

Nun bin ich wieder glücklich im Hotel und habe meinen Raub wohl verwahrt, unter der Schmutzwäsche, in der tiefsten Tiefe meines eisengebänderten Überseekoffers, und vorsichtshalber den Browning unter das Kopfkissen geschoben ... Die Nacht ist voll wilder Schreie, die mir noch nie so unheimlich erschienen ... Ja, selbst die Tierlaute der Esel und Kamele in der nahen Karawanserei klingen in dieser Nacht anders als sonst ... Und das ungewohnte Gesicht, das der Andere am gemeinsamen Abendtisch zeigte, gibt mir zu denken. Sollte der etwas wissen von Ali Bumbas Sünde? ... Ich habe ein schlechtes Gewissen ... Es gibt Freundesgaben, die man nicht annehmen darf ... Ich glaube, ich trage morgen, zur heißen Mittagszeit, wenn der ganze «Suk» schläft, Ali Bumba seinen unersetzlichen Schatz zurück.

– – – – – –

Ich stehe früh auf. Doch wie ich den Frühstückssaal betrete, wer sitzt da, meinem Gedeck gerade gegenüber? Wieder der Andere! Ich mache ein möglichst unbefangenes Gesicht. «Es ist gut, dass Sie kommen», sagt er. Er weiß alles, denke ich. Er fährt fort: «Obschon ich meinem Freunde Ali Bumba versprechen musste, nichts zu verraten, will ich's Ihnen doch im Vertrauen sagen, damit Sie sich nicht weiter umsonst bemühen. Ich hab' ihn … Es tut mir ja aufrichtig leid, junger Freund. Ich weiß, dass Sie den doppelten Preis dafür zahlen wollten. Aber Ali Bumba ist mein besonderer Freund. Sie müssen verstehen: Ich bin ihm schon durch meine Wissenschaft viel verwandter als Sie. Da hab' ich ihn schließlich sozusagen geschenkt bekommen. Da ist er.»

Richtig, da ist er, der schöne, einzige, unbezahlbare Koran Ali Bumbas. Der Einband scheint mir nur noch etwas älter und runzeliger zu sein; und man hat, statt Türkisen, falsche Rubine eingesetzt. Sonst aber sieht dieser «einzige» Prophetenenkelkoran genau so aus wie mein einziger … Ich ergreife die Karaffe und gieße mir ein großes Glas kühles Wasser ein.

Dann frage ich schüchtern nach dem gezahlten Preis. Und da schwindet mit einem Schlag all mein Ärger: mein glücklicher Nebenbuhler ist genau doppelt so reif als ich für Ali Bumbas Freundschaft!

Ali Bumba, mein Einziger, ich danke dir! Das Sündengeld, das ich für die Tabaksdose Ali Babas, für den Dolch Mulai Hassans und den Koran des Prophetenenkels gezahlt habe, war kein zu hoher Preis für die Weisheit, die sich mir durch dich mit einem Schlag offenbarte. Heute abend noch schreibe ich meinem Verleger und frage ihn, ob er raschestens ein reicher Mann werden will. Zehntausend Exemplare des beigelegten Buches sind bald in Faksimile nachgedruckt. Für die Einbände lässt sich ein vorteilhafter Ersatz finden. Um die zehntausend Esel aber, wie ich bis vor fünf Minuten einer war, bin ich gar nicht besorgt. Die kommen in Massen; und schließlich tun's ja auch fünftausend wie mein gesegneter Rivale!

Die Tanne

Als er am kleinen Dorfbahnhof ausstieg, grüßte er zerstreut, wie eben selbstbewusste Leute oft rein gewohnheitsmäßig tun, den Stationsvorsteher, der in seinem abgetragenen Dienstrock, mit einer Gießkanne in der Hand, am Zaun seines Gemüsegärtchens stand, als ginge ihn dieser ein- und sofort wieder auslaufende Bummelzug überhaupt nichts an. Der biedere Beamte fuhr ganz verblüfft zusammen und grüßte wieder. Er war offenbar nicht gewöhnt, ein unbekanntes Gesicht zu sehen. Niemals wohl stieg hier einer aus, der nicht im Dorf daheim war. Und nun gar so ein feiner Besucher mit knallgelben amerikanischen Halbschuhen und modernstem englischem Reiseanzug, der unter Brüdern heute etliche Tausender wert war. Dies alles lag im verwundert überfreundlichen Gegengruß des Herrn Bahnhofsvorstandes stumm ausgesprochen.

Zwei Stunden Zeit, dachte der Fremde mit einem Blick auf die Bahnuhr. Er zog vergleichend seine Taschenuhr; sie ging nach; und als er sie berichtigen wollte, versagte die Stellvorrichtung. Verflucht, da hieß es aufpassen. Den Anschluss nach der Stadt durfte er nicht versäumen, wo man auf ihn wartete. Aber zwei lange Stunden genügten reichlich für so einen «anonymen» Besuch.

Etwa hundert Meter vom kleinen Bahnhof, der, wie eine bunte Streichholzschachtel auf grünem Teppich, rings von frischgemähten Matten umgeben daliegt, beginnt das Dorf: niedrige, ärmliche Häuschen die Straße entlang, mit bemoosten Stroh- und Schindeldächern, kleinen Gemüsegärtchen mit wackeligen Holzzäunen ringsherum und dem Düngerhaufen seitwärts der Stalltür.

Er schritt die Dorfstraße hinab und wusste: dort musste der Schreiner kommen und dort der Schmied, und auf der anderen Seite der Krämerladen. Und jedesmal nickte er befriedigt vor sich hin und beobachtete nebenbei, wie ihm die Leute, die vor den Türen standen, neugierig und etwas misstrauisch nachsahen. Er kannte das alles; und doch, wie fremd erschien es ihm, wie klein, wie ärmlich vor allem. Wie weltenweit vom ruhelosen, glitzernden Prunk der Städte, die immerfort sein Leben umklammerten, mit ihren jagenden Gewaltsamkeiten, dem Donner ihrer Untergrundbahnen, den künstlichen Firmamenten ihrer elektrischen Beleuchtung.

Auf dem kleinen Marktplatz unter der großen Linde, die von uralters her hier stand und rauschte, so wie's der Brauch und die Bestimmung alter Dorflinden ist, sah er das verwaschene Holzbildnis des ehrwürdigen Schutzpatrons, dessen Heiligenschein sich vom Nacken gelöst und seinem hilflos gutmütigen Besitzer vornüberfallend grad über die Nase gelegt hatte. Hier blieb der Fremde, still in den Schatten gedrückt, ein Weilchen stehen und sah und horchte. Und da war ihm mit einemmal, als habe er immer hier gelebt, als sei er gestern abend hier zu Bett gegangen und heute früh aufgestanden wie alle Tage. Alles schien ihm jetzt plötzlich so vertraut, was er da sah und hörte, Menschen, Namen und Dinge; und wie er in den vorübergehenden Gesichtern suchte, da fiel Schleier um Schleier; und er hätte auf jeden einzelnen zugehen können und ihn nennen, so wie er hieß von Ewigkeit her. Und als er eine grelle Stimme über den Platz kreischen hörte, da wusste er, das war die «dicke Bärbel», die ihr Mädel rief, das sich wieder mal mit Nachbars Buben auf dem Heuboden herumwälzte. Und wie er genau hinschaute, erkannt er sie. Oder war die Dicke dort am Ende das Mädel selbst, das vor fünfunddreißig Jahren im gleichen energischen Ton vom Heuboden herunterbeordert werden musste? ... Und dort der lange Kerl, der mit dem Ochsengespann Holz fährt, – ja, grüß dich Gott, Xaverl! Weißt du noch, wie wir im Wald deines Vaters Indianer spielten? Mach doch mal deinen Mund auf und zeig, wo dir der Zahn fehlt, den ich dir dabei ausschlug! ... Da steckt der Xaver grad zwei Finger in den Mund und lässt einen scharfen Pfiff los ... und entblößt dabei die prächtigste Zahnlücke ... Und kommt da nicht der kleine Xaverl von einstmals aus dem Hause gelaufen, nimmt die weidengeflochtene Peitsche aus der Hand des Vaters und führt das Ochsengespann ins offene Hoftor, während der alte Xaver, wie dereinst schon sein Vater tat, über den Platz abbiegt, dorthin, wo über der ausgetretenen Steintreppe das rostige Eisenschild durstigen Fuhrleuten verrät, dass es da zu trinken gibt ...

Der Fremde ist inzwischen weitergegangen. Und wie er eben am kleinen Laden des Uhrmachers Anton vorbeigeht, denkt er an seine verunglückte Taschenuhr. Und schon drückt er die Klinke: «Guten Tag, Meister Anton.» – Der alte Weißbart hinter seinem Arbeitstischchen schaut zerstreut auf und nickt stumm. An der Wand hängt noch alles wie einst: Die alte Kuckucksuhr und das Kruzifix in der Ecke. Aber der alte Meister, der hier die Zeit macht, hat die seine redlich abgedient und sieht aus wie der heilige Petrus jetzt, nach bald zwei Jahrtausenden, wohl ausschauen mag. Mit zitteriger Hand nimmt er die Uhr, öffnet mühsam das Gehäuse, löst mit beängstigender Kühnheit hier ein Schräubchen, dort eins; ... dem Besitzer wird dabei ganz bange; er möchte das Zerstörungswerk hemmen; ... eigentlich wollte er ja nur einen Vorwand zum Plaudern.

«Schönes Wetter heute», beginnt er.

«Aber schlechte Zeiten, Herr.» – «Mir scheint doch, bei euch auf dem Lande ist noch so ziemlich alles beim alten geblieben ... Steht eigentlich das Haus noch, das wie ein Stadthaus gebaut war, mit einem Schieferdach, ganz unten am Ende des Dorfes?»

«Das Haus von Wegemeisters? Warum sollte das nicht mehr stehen?»

«Wohnt er schon lange dort, der Wegemeister?»

«Werden wohl dreißig oder mehr Jahre sein. Kam als ganz junger Mann her und blieb da, weil er das Haus billig hatte kaufen können. Gebaut hat es ein Tierarzt, ein braver Mann, der fortzog, weil sein Sohn ihm Schande machte. Schad' um den; war ein geweckter Bursch ... Stand oft da, wo Sie jetzt stehen, und machte große Pläne ... wollte immer in die Stadt, etwas werden, was noch keiner von hier geworden ist: Komödiant! ... Ist schließlich auch mit so einer Hergelaufenen, die auf dem Marktplatz seiltanzte, auf und davon.»

«Es muss wohl auch solche Käuze geben, sonst steht am Ende die Welt stille!»

«Herr, die Sonne läuft immer gleich, und die Welt mit ihr, und ich mache meine Uhren noch genau wie ich's vor sechzig Jahren gelernt habe ... Haben Sie nichts gehört?»

«Was denn?»

«Ich höre immer Klopfen ... Das ist ein böses Zeichen, sagt man. Der Tod steht an der Tür ... Hier ist Ihre Uhr, ich denke, sie ist jetzt wieder in Ordnung ... Die Kleinigkeit kostet nichts ... Adieu, Herr.» – – –

Am unteren Ende des Dorfes, etwas abseits, steht das kleine vornehmere Stadthaus mit dem Schieferdach. Ein Garten umgibt es, mit Obstbäumen und Gemüsebeeten; und in der Mitte steht auf freiem Rasenplatz eine schöne, stattliche Tanne. Der Fremde steht lange am Gartenzaun und schaut diese Tanne an, als wäre sie etwas ganz Besonderes. Doch nun er sich plötzlich zum Gehen wenden will, bemerkt er, wie sich einige Dorfkinder neugierig an ihn herangeschlichen haben. Da hellt ein Lachen sein Gesicht: ein Einfall, jäh und unwiderstehlich. Er winkt: «Kommt nur her, ihr Buben! Wollt ihr mal was Gutes, wollt Ihr? Passt auf: Du, lauf ins Dorf und ruf Deine Kameraden. Buben und Mädels, alle, die Du findest, die ganze Dorfschule, und sag', sie sollen gleich herkommen, 's gibt ein Schulfest! 's war wohl schon lang' kein Schulfest mehr? Und was möchtet Ihr wohl gern essen? Pfannkuchen, was? ... Du, lauf mal zur Ochsenwirtin; sie soll auch herkommen, aber schnell! ... Und Du, weißt Du, was ein Telegramm ist? Gut, dann renn' ins Postamt und gib es auf ...» Und schon läuft der dritte mit dem Notizblockzettel und einem Fünfmarkschein hinter den beiden ersten her. «Ihr anderen wartet gleich hier!» ... Und klingelt an Wegemeisters Tür: «Herr und Frau Wegemeister, guten Tag! Wollen Sie mir bis heute abend Ihre Tanne leihen? ... Oh, es passiert nichts. Ich habe nur die Dorfkinder zu einem kleinen Fest eingeladen ... Warum gerade hier? ... Wegen der herrlichen Tanne ... Diese Tanne ist schön und stattlich wie keine weit und breit ... Der sie gepflanzt hat, muss ein Glückskind gewesen sein! So stolz, so stattlich, so gradgewachsen sah ich noch keine! ... Sie haben wohl noch gar nicht gewusst, was Sie für einen seltenen Baum in Ihrem Garten haben!» ...

Schon hört man Kindergeschrei und Holzschuhgetrappel vom Dorfe her. Sie kommen, Buben und Mädels. Und auch die Ochsenwirtin schnaubt, eilfertig eine saubere Schürze umbindend, hinterher. Mit kurzem, bündigem Auftrag empfängt der fremde Herr die Atemlose:

«Also Eierkuchen, sage ich, mit richtigen Eiern, genug, reichlich genug für alle Schulkinder ...»

«Aber wo soll ich die Eier hernehmen, lieber Herr, es gibt keine im ganzen Dorf ...»

«Ich zahle zwei Mark für das Stück.»

Die Ochsenwirtin überlegt. «Eier sind selten, Herr. Die müssen alle abgeliefert werden.»

«Drei Mark das Stück! Und in einer halben Stunde will ich selbst zweihundert Stück in den Topf schlagen. Hier ist einstweilen das Geld ...»

Und es verging keine halbe Stunde, da hatten die tüchtigen Hennen des eierlosen Dorfes nicht zwei-, nein dreihundert Stück gelegt, die, mit herrlichem Weizenmehl verrührt als goldgelbe Pfannkuchenberge auf den im Kreis um Wegemeisters Tannenbaum aufgestellten Tischen dampften.

Und derweil das kleine Volk sich satt aß, wie schon lang nicht mehr, saß der fremde Herr mit einem rätselvoll versonnenen Lächeln unter der Tanne und schaute zu. Da hielten Wegemeisters den Augenblick für gekommen, ihre nicht mehr zähmbare Neugier zu befriedigen. Und die

Wegemeisterin schiebt ihren Gartenstuhl heran und eröffnet das Kreuzverhör: «Wirklich ein schöner Einfall! Und wir freuen uns sehr.» Da fällt der Wegemeister ins Wort: «Aber was Sie vorhin von der Tanne sagten, verehrter Herr, dass ein Glückskind sie gepflanzt haben müsse, das stimmt nicht. Ich weiß zufällig ganz genau, dass es ein übler Taugenichts war, der mit fünfzehn Jahren ausgerissen ist hinter so einer Zirkusdame her.»

«Ja,» bekräftigte die Wegemeisterin, «und vorher hatte er noch den Hühnerstall des Herrn Pfarrers ausgeräubert, um die Eier seiner Hungerleiderin zu bringen.»

Da lachte der Fremde: «Aber heut sind sie doch reichlich bezahlt, die gestohlenen Eier, was? – Drei Mark das Stück.»

Die Wegemeisterin versteht nicht. Ihre Neugier macht sie taub. Sie rüstet zum entscheidenden Vorstoß; will geradeheraus fragen, mit wem sie nun eigentlich die Ehre habe, und was der Grund dieser ungewöhnlichen Bewirtung sei ... Aber schon ist der rätselhafte Herr aufgesprungen und tanzt mit den kleinen Mädchen einen Ringelreigen um den schönen Tannenbaum. Ja, er tanzt wirklich, mit seinen gelben Schuhen und seinem schon leicht ergrauten Haar, ausgelassen wie ein richtiger Lausbub ...

Es wurde schon allmählich Abend, und immer noch schienen die braven Hennen weiter zu legen, denn immer neue Berge von Pfannkuchen zauberte der fürstliche Gastgeber mit seinen Hundertmarkscheinen aus der eierlosen Küche der Ochsenwirtin. Auf der Straße hatte sich unterdessen die erwachsene Bevölkerung des Ortes zusammengefunden und besprach eifrig die seltsame Begebenheit. Und man war sich bald darüber einig, dass der unbekannte

Verschwender nur einer jener verrückten Amerikaner sein könne, von denen die Zeitungen öfters ähnliche Stückchen berichten. Das erkenne man schon, meinte der Schuster Max, an seinen gelben Schuhen. Solche Stiefel könne sich heute in Europa keiner leisten.

Staunen und Begeisterung wuchsen aber noch beträchtlich, als die Ochsenwirtin mit der Mitteilung erschien, nun kämen auch die Alten dran, und der fremde Herr habe ein Fass Most bezahlt. Da ging ein Zechen los um Wegemeisters Tanne. Männer und Weiber rauften sich um Plätze und Becher. Am lautesten kreischte die dicke Bärbel, die der lange Xaver mit einem kreuzvergnügten Pfiff aus seiner Zahnlücke in die Hüfte kniff ...

Doch als das Fass schon zur Neige ging und der Mond durch die Äste der Tanne schien, fiel dem Schulmeister plötzlich ein, dass es eigentlich angebracht und in der Ordnung wäre, den «edlen Spender» hochleben zu lassen. Er klopfte an sein Glas und schlug dann noch ein paarmal mit der Faust auf den Tisch. Und als es allmählich still wurde und aller Augen den Gefeierten suchten, da war der Platz unter der Tanne, wo er eben noch gesessen, leer. Und doch hatte ihn niemand fortgehen sehen. Wie aber hätte ein Fremder das heimliche, hinter der Johannisbeerhecke versteckte Hinterpförtchen finden können, das auf den Feldweg führte? ...

Und doch, was war das plötzlich? Vom Feld her hub eine Stimme zu singen an; leise zuerst, dann schwellend, brausend wie Orgelton! Alles ringsum verstummte mit einemmal, selbst die Grillen im Feld, der Nachtwind in den Baumkronen und das Knistern der Tannenzweige.

Die Horchenden verstanden die Worte und den Sinn des Liedes nicht, aber der Schwung der Töne, die Gewalt der Melodie zog wie Gewitter durch die Abendstille des Tales. Sie hörten, wie sich der Sänger langsam entfernte, auf dem Feldweg dem Bahnhof zu ... Dann erlosch das Lied. Sie aber lauschten noch lange und wagten kaum zu flüstern ... Da schnitt plötzlich der grelle Pfiff des abfahrenden Zuges durch die Stille ...

Lange noch, lange werden sie im Dorf von diesem närrisch schönen Abend erzählen; schon heißt die Tanne in Wegemeisters Garten die «Kindertanne», und der Schulmeister schreibt ihre wunderbare Chronik. Keiner aber entschleierte ihr Geheimnis.

Nahe der Heimat

Der endlos dunkle Tannenwald drängt sich von beiden Seiten eng an den Pfad, und die regennassen Büsche kreuzen darüber ihre längsten Zweige. Bei jedem Schritt muss ich sie gesenkten Hauptes auseinanderbiegen, dass mir's mit frostigem Schauer die Ärmel heraufrieselt. Dicke Wolkenmassen verhüllen den Mond, und die Dämpfe der durchweichten Erde steigen zu ihnen auf.

Es ist stockfinstere Nacht. Ich aber weiß den Pfad. Würde mit geschlossenen Augen ihn finden, der unvergesslich gezeichnet steht in mir, den Jugendweg zur Heimat. Steil führt er hinauf, und dort oben, wo Baumspitzen und zackige Felsen hoch in den gesenkten Himmel stechen, liegt der Pass; und drüber geht's hinunter ins kleine, verschlossene Gebirgstal, den verlassensten Winkel der Welt, ins ferne, tannendunkle Erinnern meiner Kindheit.

O Heimat! Heimlich flüstere ich das Wort wie ein Gebet zum gewaltigen Gott, der diese Felsenklüfte schuf und diese schwarzen stöhnenden Wälder – und diese Nacht in sie warf und in meine Seele die Qual irrenden Wollens. O Heimat, dunkle Heimat in mir!

Schrittweise taste ich mich vorwärts und sehne mich fröstelnd nach einem wärmenden Feuer. Werde ich es finden in einer der niedrigen Strohdachhütten drüben? Wird sich eine Tür des Friedens dem Fremdgewordenen auftun? ... Oh, nicht dunkel genug ist diese Nacht, ihr Brüder, dass ihr mein dunkleres Gespenst zwischen den niederen Türpfosten nicht eintreten sähet, um Feuer zu betteln, um etwas Wärme und Licht.

Höher, immer höher hinauf! Schwerer und feuchter legt sich der Nebel auf Augen und Brust, und die Nacht ist doppelt Nacht …

Da wird's mit einemmal unsagbar hell. Unendlich über mir weitet sich der Dom der klaren Mondnacht, und wenige Schritte weit, mitten auf dem Weg, der die Passhöhe erreicht hat, brennt ein Feuer lichterloh. Ein schwarzbärtiger Mann stochert darin, dass die Funken wie Leuchtkäfer in die Büsche fliegen. Ihm gegenüber sitzt eine Frau; deutlich sehe ich im roten Feuerschein das hagere Gesicht, das sich mir zuwendet; denn sie hat im Geröll des Weges meinen Schritt gehört. Dahinter, im Walde halb verborgen, steht ein Zigeunerwagen mit grauem Leinwanddach.

Ich trete näher und frage, ob ich ein Weilchen am Feuer ruhen darf. Der schwarzbärtige Mann antwortet mit einer stummen, einladenden Gebärde und legt einen neuen Ast in die Glut. Und mir ist plötzlich wohl und warm, wie voll stillen klaren Lichtes, voll tiefen seltsamen Glückes.

Diese Fremden kennen mich nicht. Ich aber erkannte sie. Sie sind vom Pariageschlecht der Unnennbaren, fernher irgend einmal Eingewanderten, an den sich der Adel meiner alteingesessenen Rasse einst gemessen. Sie leben verachtet, bemisstraut und gefürchtet, aber in zäher Selbstbehauptung, seit Jahrhunderten korbflickend und kartenschlagend, vom Schatten der Bärte wie vom Geheimnis ihres Ursprungs umdunkelt.

Da hebt neben mir eine Stimme zu singen an. Ich blicke nicht auf. Ich weiß, es ist die Frau des schwarzen Mannes. Weich umkost mich in diesem eintönigen, ärmlichen Lied die alte, entfremdete Sprache der Heimat. Lange singt sie so in die Flamme. Ich schaue nicht auf. Die Stimme wird müd und heiser … und ich höre kaum noch, wie sie verstummt … Ich fühle nur, wie der Geist unruhvoll vom matten Körper sich löst und dem ärmlichen Liede nachgeht, auf die weiteste Traumreise seiner phantastischen Rastlosigkeit …

Hinunter geht's den holprigen, unausgebesserten Karrenweg ins Tal, wo sie längstens mich vergaßen. Und da ist auch schon, eh' man zum Dorfe kommt, der alte Friedhof – wie klein immer noch! Und steht nicht der alte Totengräber dort am Holzlattentor? Der muss jetzt weit über hundert Jahre zählen. Grad als hätte er auf mich gewartet, zieht er höflich die enthaarte Pelzkappe und lässt mit einladender Freundlichkeit das Tor in den rostigen Angeln kreischen, als gälte es, einen ganzen stattlichen Ehrenleichenzug einzulassen … Und hinkt mit stummer Selbstverständlichkeit voraus, die Gräberreihen entlang, eine um die andere, als wäre ich der Pfarrer am Allerseelentag. Ich finde das ganz in der Ordnung und schaue mich um mit der Gründlichkeit plötzlich erwachter Erinnerung: ja, da sind sie alle, die wohlbekannten wackeligen Kreuze. Da liegt der Schmied und dort der Wagenmacher, und was diese verschlossene Welt an sonstigen Werkleuten braucht. Und dort ragt aus dem ewigen Efeumantel Großvaters aufrechtes, verwittertes Steinkreuz. Hier hab' ich oft als Kind folgsam gestanden und zu beten geglaubt, während die frechen Finken mir spöttisch ihr Lebenslied ins Ohr schrien, und Nachbars Mädchen ihre schönsten Feiertagskleider trugen mit frisch gebügelten Schleifen …

Doch hier ist plötzlich die Erinnerung zu Ende. Da stehen neue, freilich nicht minder wohlbekannte Namen. Da ist der Florentin und dort der Arbogast … Wir haben einst zusammen die Ziegen gehütet an den steilen Hängen des Tals und Forellen gegabelt im Waldbach. Und nun wachsen ihre Gräber reihenweise unter meinem Schritt.

Dort aber, im Winkel der zerfressenen Mauer, hinter dem niedrigen, zerfallenden Zaun, da ist noch der winzige Schindanger: dort liegen in ungeweihtem Boden die Selbstmörder und die Ketzer … Damals waren es ihrer nur zwei. Und noch weiß ich genau ihre Schreckensgeschichte … Doch was soll das? Der alte Totengräber hat das wackelnde Zauntürchen aufgerissen; vor mir, zwischen den zwei alten, grasverwachsenen, kreuzlos verwunschenen Grabhügeln klafft eine frisch ausgehobene Grube … und mein Begleiter macht eine so seltsam einladende Gebärde, dass ich wie selbstverständlich, wie von unsichtbaren Händen getragen, mich da hineinlege, sorgfältig, wie's für bequemes und langes Liegen geboten ist … Da sehe ich mich nun liegen. Ich erkenne mich deutlich. Der dort unten bin ich einmal gewesen, in einem früheren Leben, wie mir scheint. Und der Alte packt die Schaufel und wirft mit erfahrener Hand rasch den lockeren, braunen Grund in die Grube. Ich stehe dabei und schaue zu, wie er mich hier im Schindanger begräbt, und, sobald er fertig ist, trample ich mit ihm die Erde fest … Gras und Efeu seh' ich jetzt wachsen mit urewiger Langsamkeit, und nun weiß niemand, niemand, dass hier noch einer begraben liegt zwischen dem Selbstmörder und dem Ketzer, einer, der anders war als sie – und doch vielleicht auch nicht … Mit einemmal aber blüht es mächtig hervor, Feldblumen gelb und rot, ein ganzer Urwald für des Sommers Bienen und Falter, und hoch in einer schlank aufgeschossenen Silberbirke, die weit über die graue Mauer sich wiegt, singt im Abend ein einsamer, fremdartiger Vogel ... Ich lausche: es ist das alte Lied. Doch wie merkwürdig klingt mir dieses Vogels Stimme ...

Wie ich die Augen aufschlage, sehe ich über dem grauen Wolkenmeer, das immer tiefer in Wald und Erde sich verkriecht, den Morgen dämmern. Das Feuer ist erloschen. Die Kühle fröstelte mich wach, und wie ein Ohrwurm bohrt sich wieder in mein Hirn das eintönige Lied der fremden Frau ... Gestern sang sie's dem schwarzen Mann, jetzt singt sie's dem Säugling, den sie stillt. Es ist das selbstherrliche Lied ihres geknechteten Lebens.

Da wird mir weh, so weh ... Oh, eine Hand in der meinen fühlen, nur eine, irgendeine treue Menschenhand! ... Flüchtig, gleichgültig streift mich der Blick der Frau; er sieht nicht meine ausgestreckte, meine suchende Hand. Das Lied will nicht aufhören: endlos eintönig gedichtet aus Wanderung und Rast, dem Feuer am Weg, das eine Nacht lang wärmt und leuchtet, und dem Tag, der auf Wolken kommt ... Und nun weiß ich, schicksalhaft unvermittelt: ich darf nicht weiter, nicht über dies verglommene Feuer hinaus.

Dort unten sehe ich die Heimat warten. Erster Rauch steigt aus den niederen Hütten. So nahe und plötzlich so entzaubert! Der Tag bringt in seinem verzehrenden Licht all die wissende Sicherheit, durch die wir uns stark und unbesiegbar wähnen.

Mir bangt vor dem letzten Stück Weges – vor dem letzten Erwachen. Vielleicht leben die alten Märchen noch. Oh, dies letzte beglückende «Vielleicht» sich bewahren, noch ein Traumland haben, den einen Bann nicht brechen, den letzten Glauben hüten, die letzte Zuflucht aus dem kalten Wissensland! ...

Und wie sie da hinuntersteigen, meine fahrenden Lagergenossen einer Nacht, schaue ich ihnen nach, bis sie hinter den Tannen verschwinden. Dann geh ich wieder den Weg zurück, den ich in der Nacht gekommen, den steilen Pfad durch die endlos stöhnenden Wälder hinab, und trage in mir fort in die Fernen des Lebens meinen seltsam wehen Glückstraum so nahe der Heimat.

Burgenzauber

Unweit von meiner Kleinstadtresidenz steht, wie üblich, eine stolze Burgruine. An einem schönen Maisonntag setze ich mich gern im alten Burghof an den bemoosten und verwitterten Steintisch, wo einst die Torwache zechte, und schaue durch den Ausguck steil hinunter auf die alte Talstraße. Da wandert durch die Abendstille die endlose Schar der sonntäglichen Hamsterer mit bepackten Rucksäcken heimwärts, und ich kann bei aller angeborenen Gutartigkeit ein leises Bedauern nicht unterdrücken, dass wir nicht mehr im schönen Mittelalter leben und ich nicht der edle Herr Raubritter bin, der von da oben nur die Hand auszustrecken brauchte, um mit allem versorgt zu sein, was sein hausväterliches Herz begehrte.

So eine alte Ritterburg erweckt auch in anderen Leuten allerlei absonderliche Gedanken. Der gutmütige Spießbürger fühlt sich in ihrer Ruinenwelt ganz atavistisch umgekrempelt. Ich höre das aus den Reden der sonntäglichen Besucher. Da sind zum Beispiel die vielen Löcher in den Mauern, über deren Zweck die Chroniken allerlei zu berichten wissen. Meist, dass sie dazu dienten, siedendes Öl und flüssiges Blei auf die Köpfe der arglosen Angreifer herabzugießen. Die Eingeweihten wollen freilich wissen, dass in friedlicheren Tagen auch andere, weniger romantische Naturgaben, über die der moderne Stadtmensch die verwöhnte Nase zu rümpfen pflegt, durch diese Öffnungen in Gottes freie Waldnatur hinausbefördert zu werden pflegten. Aber der sonntäglich gestimmte Biedermann hält's gruselnd lieber mit dem siedenden Öl.

Und habt ihr bemerkt, dass jede halbwegs respektable Burg ein Fenster besitzt, ganz oben im höchsten noch erhaltenen Turmgemach, durch das der letzte Schlossherr in voller Paraderüstung auf seinem Schlachtross selbstmörderisch in die schwindelnde Tiefe des Burggrabens gesprungen ist? Das historische Fensterloch ist zwar meist so schmal, dass kaum der halbwüchsige Rittersbub auf seinem Steckenpferd sich hätte durchzwängen können. Doch wage nicht etwa, die geheiligte Sage am Stammtisch beim Nachbarwirt in Zweifel zu ziehen. Die achtbaren Bewohner dieser Gegend sind die würdigen Nachkommen der einstigen Hörigen ihres gnädigen Herrengeschlechtes. Sie haben den eingebläuten Respekt wie ein kostbares Erbstück sich bewahrt und sind verflucht stolz darauf, dass ihr letzter Zwingherr ein richtiger «Held» war!

Und dann ist bekanntlich in jeder anständigen Burg so ein schaurig tiefes unterirdisches Loch vorhanden, das der Burgführer das «Verlies» zu nennen pflegt; und dabei erzählt er mit rührender Anteilnahme von den furchtbaren Leiden der gefangenen Kaufleute und widerspenstigen Bauern, die hier zu Tode hungern und schmachten mussten. Ich muss nun schamhaft gestehen, dass mein angeborener Widerspruchsgeist schon bedenklich frühzeitig an diesen angenehm gruseligen Sonntagsgeschichten zu zweifeln begonnen und die unausrottbare Überzeugung gewonnen hat, dass das sogenannte «Verlies» meistens wohl der Weinkeller gewesen sein dürfte. Denn wenn ich mich in die noch so finstere Seele des grausamen Burgherrn versetze, kann ich mir doch nur schwer vorstellen, dass er nicht lieber seinen gestohlenen Wein sicher und schön kühl aufbewahrt hätte als seine unrentablen Gefangenen. Ich wenigstens hätte als Raubtier so gedacht und getan. Aber vielleicht tauge ich nicht zu diesem edlen Beruf und bin nur so ein Ketzer, der sich nichts vormachen lässt und nicht einsieht, dass es tief in der sonntäglichen Gemütsordnung begründet liegt, wenn die Überlieferungen sämtlicher Burgen zwischen Rhein und Donaumündung sich gleichsehen wie ein Ei dem andern. Ich bin eben ein ganz poesieloser Mensch.

Das war ich schon in den zarten Jugendjahren, da ich noch den geistigen Umgang unseres allverehrten Stadtarchivars Lämmermeier genoss, des «Mommsen» unserer kleinen Provinzstadt und erfindungsreichen Verewigers meiner engeren Heimatgeschichte, von dem ich dankbar gelernt habe, wie schwer es für den wirklichen Forscher sein muss, aus der phantasievollen Vielgestalt der Lokalchroniken heraus die heilige Wahrheit objektiver Geschichtsschreibung herauszuspüren. Lämmermeiers Spezialität war nämlich die Beweisführung, dass unsere gesegnete Gegend von jeher die Wiege und das Zentrum der Weltkultur gewesen sein muss. Alles irgendwie Bedeutende ließ er, wenn nur irgend möglich, und sei's auch auf notwendigen Umwegen, daher stammen; und wäre nicht sein gehorsamer Respekt vor der höheren Ortes approbierten Wissenschaft gewesen, er hätte gewiss auch den Paradiesgarten in unser steiniges Gebirgstal verpflanzt und bestimmt auch den Apfelbaum ermittelt, unter dem der Sündenfall sich ereignete.

Es war an unserer kleinen Lehranstalt althergebrachte Sitte, dass nach bestandenem Abiturium ein sonniger Schlussausflug nach der benachbarten romantischen Burg Wildstein den feierlichen Ausklang der glücklich überstandenen Pennalzeit zu bilden hatte. Herr Archivar Lämmermeier, der eine bis ins neunte Jahrhundert schürfende zweibändige Geschichte des Schlosses und seiner ritterlichen Insassen geschrieben hatte, pflegte dabei regelmäßig, mit geringen taggemäßen Abweichungen, eine längst bekannte Festrede zu halten. Diesmal aber wollten wir für Abwechslung sorgen. Ich wurde beauftragt, der «Verliestheorie» Lämmermeiers in einer wohlvorbereiteten Gegenrede meine «Weinkellertheorie» entgegenzuhalten, und daran sollte sich, wie zufällig, eine unwiderleglich beweiskräftige *«Demonstratio ad oculos»* schließen. Zu diesem Zweck hatten wir schon in aller Frühe mit den für den Kommers benötigten zwei Bierfässern ein vom Ochsenwirt zur Verfügung gestelltes morsches Regenfass von altmodisch ovaler Form zur Burg hinaufbefördern lassen und in der Tiefe des Verlieses unter einem Schutthaufen, der von einem Kanonenschuss herrührte, tief und sorgsam vergraben, nachdem wir zuvor, zur Erhöhung der Humorwirkung, etliche Bierreste hineingeschüttet. Die nötigen Geräte zur Ausgrabung stellten wir in augenfällige Bereitschaft und ließen vergnügt und erwartungsvoll den Dingen ihren Lauf.

Es ging auch alles programmäßig; der Ausflug, der Festkommers, Lämmermeiers Festrede und meine herausfordernde Erwiderung. Aber da stockte plötzlich der Lauf der Dinge. Lämmermeier streikte. Vergebens legte ich nahe und immer näher, dass ein Versuch, dort im Schutthaufen zu graben, die Mühe vielleicht reichlich lohnen würde. Umsonst standen Schaufeln und Hacken bereit. Verzweifelt winkte ich mit dem Zaunpfahl, hielt die Leimrute hin, Lämmermeier kroch nicht darauf. Er hörte nichts und sah nichts. Kratzte sich nur zweimal hinterm Ohr, rückte an der Brille und schüttelte überlegen ungläubig den Kopf. Kurzum, er verdarb das ganze schöne Fest. Und ich bekam obendrein noch zu verstehen, dass meine frühreif materialistische, am Zeitgeist bedenklich erkrankte Weltanschauung unvereinbar sei mit der Lebens- und Denkweise einer ritterlichen Vorzeit.

Auf unserem Heimgang suchten wir uns schließlich damit zu trösten, dass der Scherz mit dem Fass doch wohl ein zu plumper war, den man nicht einmal dem glaubensstarken Lämmermeier zumuten konnte. Sicher hätte er den Schwindel sofort entdeckt, und wir wären in den Annalen unserer Musteranstalt als undankbarster Jahrgang gebucht worden. Und da war's am Ende so noch am besten ...

Ich hatte die ganze Geschichte längst vollständig vergessen, als ich, reicher an manchem besser gelungenen Studentenstreich und schon fast zum Philister gereift, nach Jahren wieder in unser Provinzstädtchen kam. Ich besuchte in alter Treue dessen klassische Sehenswürdigkeiten, und darunter auch das kleine, von Stadtarchivar Lämmermeier begründete und immer noch geleitete Stadtmuseum. Dort fand ich unter den letzten Neuerwerbungen ein Fass – jawohl, ein regelrechtes, altes, ovales Fass. Nichtsahnend las ich den Zettel, der über Herkunft und Bedeutung des Objektes Aufschluss gab. Ich habe ihn abgeschrieben. Hier ist er:

«Dieses Fass wurde von Stadtarchivar Lämmermeier im unterirdischen Gewölbe des Schlosses Wildstein unter den Trümmern einer vor drei Jahrhunderten eingeschossenen

Mauerecke aufgefunden. Es enthielt noch spärliche Reste einer Flüssigkeit, deren chemische Analyse eine auffallende Ähnlichkeit mit der Zusammensetzung unseres heutigen Bieres ergab. Damit ist einwandfrei erwiesen, dass die Bierbrauerei in der hiesigen Gegend mindestens schon im 17. Jahrhundert einen anderwärts unbekannten Grad von Vervollkommnung erreicht hatte. Weiter ist durch Archivar Lämmermeiers Entdeckung ein für allemal festgestellt, dass diese unterirdischen «Verliese», wie sie sich in allen Burgen finden, nicht, wie man bis jetzt glaubte, als Kerker, sondern meist als Wein- und Bierkeller dienten, was die auch von Archivar Lämmermeier längst theoretisch aufgestellte und begründete Annahme rechtfertigt, dass Wein und Bier schon für die materialistischen Burgritter das Wertvollere waren.»

Das Trinkgeld

Der Zufall einer Reiseunterbrechung brachte mich in dies Städtchen von bescheidenem Ruf, dessen Selbstgefühl sich zwischen sonnigen Weinbergen und dem ruhig dahinströmenden Fluss auf einige Kilometer Hörweite behaupten durfte und mir jedenfalls unvergesslich bleibt.

Drei Stunden hatte ich da auf den Stellwagen zu warten, der mich tiefer ins Land hinein zum abseitigen Wohnsitz eines berühmten Einsiedlers bringen sollte, von dem der Wissensdurst meiner Leser die übliche Lebensbeichte erwartete. Am Bahnhof erkundigte ich mich harmlos, ob es hierorts etwas Sehenswürdiges gäbe, stieß zunächst auf erstaunte Missbilligung meiner Unwissenheit und erfuhr dann die Namen einiger mir bisher unbekannter Lokalheiliger, deren Bildnisse in der alten Kirche auf mich warteten, sowie das lockende Vorhandensein eines «amerikanischen» Kaffeehauses am Marktplatz, mit einem großen Orchestrion und «Radio», was damals noch eine Seltenheit war. Besonders wurde mir das Stadtmuseum gelobt: das «Herz» der Stadt und seiner würdigen Geschichte! Es öffnete aber erst in einer Stunde, so dass mir Zeit zum Bummeln blieb.

Bald wusste ich Bescheid im behaglichen Dasein dieser selbstbewussten Bürgerschaft, die ihren Doktor besaß und noch einen für das Vieh der ländlichen Umgebung, ihren Notar, ein Amtsgericht, ein friedliches Gefängnis mit Blick ins Grüne, einen Steuereinnehmer und was man sonst noch braucht, um glücklich zu sein. Sogar zwei Gasthöfe waren da, ein älterer und ein neuerer, und ich ließ mir im Vorbeigehen berichten, dass in jenem die Küche, in diesem die Unterkunft besser sei. Aber eigentlich war diese Konkurrenz nur Ehrensache, denn es kam kaum je ein fremder Gast, ausgenommen die Stammgäste der Markttage. Nur im Herbst, zur Weinlese, wenn der Duft des jungen Mostes in mächtigen Bottichen durch die Straßen fährt und aus allen Kellern steigt, dann ...! Ja, dann hätte ich eben kommen sollen!

Aber da ich nun einmal so zur Unzeit da war, entschloss ich mich für das «Herz der Stadt und ihrer würdigen Geschichte» und stand auch schon am Tor des kleinen Museums, das just eben von seinem Betreuer aufgeschlossen wurde. War es der Herr Konservator selbst oder nur der Diener? Ich konnte es nicht entscheiden. Erst als der Türöffner um einen Augenblick Geduld bat, um seine Dienstmütze zu holen, schien mir diese hierarchische Frage geklärt.

Da ich meinen Wagenanschluss nicht versäumen durfte, schaute ich nach der Uhr über dem Eingang. Sie schlug eben eine ganz unwahrscheinliche Stunde. Ich machte den Hauswart darauf aufmerksam. Sein freundliches Lächeln antwortete mir: Die Uhr gehe ganz genau, nur müsse man sich mit ihr auskennen. Die Uhrenzeiger stünden jetzt auf halb zehn, und eben habe es neun geschlagen. Also sei es jetzt genau zehn Uhr. Das sei seit vielen Jahren so, und es gäbe keine verlässigere Uhr. Ich dankte und lächelte beruhigt mit.

Bezahlen durfte ich nicht: «Wo denken Sie hin, mein Herr, unsre Stadt gibt sich die Ehre!» – Um so besser!

Und nun begann die erstaunlichste Führung, die ich je erlebt habe. Weder im British Museum noch im Louvre, nicht im Vatikan und nicht in den Uffizien ward mir so eindringliche Belehrung.

Es war eigentlich gar nichts da, was ernsterer Beachtung wert gewesen wäre. Aber die Liebe, mit der dieser Mann jeden einzelnen Gegenstand nach allen Seiten beschrieb und seine Bedeutung für die Weltgeschichte betonte, wie er vor dem Paradestück des Gemäldesaales, einer durch Zufall hier gelandeten Skizze zu einem bekannten Meisterbild, mir klarzumachen wusste, dass dies das eigentliche und daher wertvollere Urbild sei, zwang mir Bewunderung ab. Um uns beiden aber die Mühe unwichtigster Geschichtszahlen und belangloser Anekdoten um einen römischen Ziegelstein, ein Ritterschwert des kühnen Burgundenherzogs oder die Laute eines Minnesängers zu ersparen, lenkte ich das Gespräch auf die persönlichen Verhältnisse meines wissensreichen Betreuers, allein schon, um zu wissen, welches Trinkgeld ich ihm zumessen sollte. Ich erfuhr, dass er pensionierter Beamter sei und hier «ehrenamtlich» sich betätige, nur um seiner Frau daheim nicht im Weg herumzustehen.

Dies «Ehrenamt» schien mir die Sache zu verteuern, und ich steckte heimlich ein Silberstück aus der Börse in die Westentasche, während er weiter erzählte:

Seit fünf Jahren ordne und verwalte er Museum und Bibliothek und habe viel dabei gelernt, was er mir gern auf meinen Lebensweg mitgebe ... Er sehe wohl, dass ich ein gebildeter junger Mann sei, ein Mann von Geist und Art, vermutlich so ein armer Künstler oder Schriftsteller, der's nicht leicht hat.

Er sagte das mit so viel Herzlichkeit, dass ich – zumal wir inzwischen beim Ausgang angelangt waren – ihm die biedere Hand drücken musste.

Dabei fühlte ich etwas Hartes, Rundes, Metallenes aus dieser seiner Hand mit Nachdruck in die meine gleiten: ein Silberstück! Er merkte mein Staunen und meinte treuherzig: «Nehmen Sie nur. Ich würde Sie gern zum Frühschoppen einladen, aber ich darf hier nicht fort. Sie sind der erste Besucher dieses Jahres. Und an einem solchen Glückstag könnte vielleicht doch noch ein zweiter kommen. Geben Sie mir die Ehre und trinken Sie ein Glas auf mein Wohl – und Dank, herzlichen Dank für Ihren lieben Besuch! ...»

Ich fand kein Wort der Erwiderung. Mein «Trinkgeld» hielt ich noch krampfhaft in der Hand wie einen Talisman, als das unvergessliche Städtchen längst hinter den trabenden Hufen und knirschenden Rädern des alten Stellwagens lag, der mich für immer davontrug.

Der spanische Hosenknopf

Wie lange sitze ich nun schon in diesem spanischen Städtchen «am Meer», das man hier zwar nicht sieht, das aber trotzdem den Namen schmückt: San Esteban del Mar?

Die Zeit, aus der ich dieses erzähle, liegt schon viele Jahre zurück. Ob heute noch die alte Kirche König Philipps so pompös dasteht, und ob immer noch das holprige Pflaster die buntgezäumten Eselswagen hüpfen lässt? Jahrhunderte sind hier spurlos vorbeigeflossen. Niemand schien Monde und Jahre zu zählen. Dauernd ist hier Gegenwart und Vergangenheit zugleich ... Und so kommt es, dass ich nun schon ganze zehn Tage unter Spaniens sengender Sonne auf diesem selben Fleck klebe, ohne den Mut und die Kraft, das Gesetz der Trägheit, das sicher ein Hiesiger erfunden hat, in einer Anwandlung nordischen Tatendrangs zu überwinden. Aber heute muss es sein! Ich habe den energischen Entschluss gefasst, meine Rechnung bei Don Pepe Luis, meinem edlen Hauswirt, zu begleichen, aber zuvor bleibt mir noch eine Aufgabe zu erledigen, – eine «Arbeit» möchte ich fast sagen, wenn ich die Sache mit den sommerlichen Augen eines einheimischen Kleinstadt-Granden betrachten wollte. Ich muss mich auf die Suche machen nach dem Hosenknopf, der mir abgeht. Oh, wenn's ein gewöhnlicher Knopf wäre, dann tät's ja auch eine Sicherheitsnadel. Aber es ist ein ganz besonderer, sozusagen ein heraldischer Knopf. Ohne diesen Knopf darf ich mich bei Mynheer van Broek, dem holländischen Mäzen, der meine spanische Kunstreise auf Vorschuss finanziert hat, nicht blicken lassen. Ich versprach ihm, irgendeinen versteckten Greco auszugraben oder einen Goya. Statt dessen habe ich nichts gefunden als eine zweifelhafte Murillo-Skizze und ein Originalkostüm für Mynheers weltberühmte Uniformensammlung aus dem Zeitalter Napoleons. Dieses Prachtstück ist die gut erhaltene Uniform eines Alcalden aus Toledo, mit allem welken Prunk und Glanz und dem Galaschiffhut dieses würdigen Vertreters der Staatsgewalt. Die glattanliegende weiße Lederhose wäre allein schon ein Schaustück, wenn nicht an der Klappe, auch Latz genannt, der rechte Knopf fehlte. Und ohne diesen Knopf kann ich nicht wegreisen. Ich sehe Mynheer van Broeks vorwurfsvoll entsetztes Gesicht und fürchte den Geiz, dessen dieser edle Mäzen in solchen Fällen fähig ist. Also der Knopf, der besondere heraldische Knopf muss her! ...

Und schon bin ich auf dem Weg zu meinem Freund Don Alonzo de Vinnegas y los Montes, dem größten Warenhausbesitzer der Stadt. Ich schleiche an der Schattenseite die Steilstraße Don Juan Infante hinauf, die alten Häuser entlang, deren lepröse, abbröckelnde Fassaden stolze Steinwappen auf verschlossener Stirn tragen. Sie haben kein Erdgeschoss, diese einst vornehmen Häuser; sie betonen die Distanz zur Straße, auf die sie vom einsamen Balkon und hinter den geschlossenen Klappläden des ersten Stocks herabschauen. Die Holzgalerien sind mit Geranien geschmückt, und zwischen den Blumen plaudern abends schwarzäugige Mädchen mit ihren Verehrern, die zu ihren Füßen das bucklige Straßenpflaster treten, in dessen Mitte eine Wasserrinne den Unrat wegzuschwemmen berufen ist – wenn sie mag.

Don Alonzo de Vinegas liegt schwitzend hingebreitet im hintersten Schlummerwinkel seines pittoresken Ladens, in dem ich noch nie einen Kunden erblickte.

Don Alonzos Schwitzkasten bildet ein einziges schmales und langes Gewölbe, das einst zwei Straßen miteinander verband. Die ganze Länge nimmt ein Ladentisch ein, an dem theoretisch ein schmaler Gang entlang führt, den aber praktisch nur ein erfahrener Bergsteiger benutzen kann, so hoch türmen sich da seit König Philipps Jahrhundert, will mir scheinen, Körbe und Kisten, Säcke, Fässer und Ölkrüge, von denen beim geringsten Lufthauch eine nasenreizende Staubwolke sich warnend erhebt. Darüber hängen von der Decke Besen und Sensen, Sicheln und Gabeln, und dieser landwirtschaftliche Hausrat wird im Halbdunkel des kellerartigen Raums zu Werkzeugen der Hexerei, des Todes und der Hölle ... Daneben breiten Fischernetze ihr riesiges Spinnenwerk, und weiter hinten, wo der Mückenschwarm am dichtesten summt, baumeln unter der allerhaltenden Staubdecke der Ewigkeit die scharfgewürzten heimischen Schinken und Würste, die Don Alonzos Tabakpfeife gemächlich weiterräuchert: Eine phantastische Stalaktitengrotte, die die unzähligen, schwarz wimmelnden Mückenpapierstreifen vervollständigen.

Mit dem Gähnen eines gestörten Löwen empfängt mich der Alberich dieses unergründlichen Hortes. Ich trage höflich mein Anliegen vor. Vielleicht besitzt er in seiner gewiss sehr reichen und sehr ehrwürdigen spanischen Knopfsammlung jenen einzigen Hosenknopf, den ich brauche ...

«Claro!» ... Das klingt so selbstsicher, dass ich aufatme. Don Alonzo bricht sich Bahn durch sein Ladenchaos und erscheint bald mit Schachteln in jeder Hand und unter jedem Arm. Sie sind bis zum Rand gefüllt mit Knöpfen aller Art. Ich sehe tausend heraldische Zeichen darauf, einen Reichtum, des größten Knopfsammlers würdig. Aber ausgerechnet der Knopf, mit dem ein edler Alcalde von Toledo zur Zeit Napoleons seine Hose zuknöpfte, fehlt. Don Alonzo fragt, ob nicht vielleicht ein ähnlicher passe, aber da kennt er Mynheer van Broek schlecht. Schon will ich mich höflich empfehlen, aber das traurige Gesicht meines Geschäftsfreundes geht mir nahe. Er sieht jammervoll aus, als habe er das Liebste auf der Welt verloren. Ich kann ihn in seinem Schmerz, mir nicht dienen zu können, nicht allein lassen. Zumal da er bittet: «Señor, schenken Sie mir die Ehre und bleiben Sie noch ein kleines Stündchen. Inzwischen wird Maruja, meine Tochter, weitersuchen und bestimmt finden. Wir könnten unterdessen eine schöne Partie Domino spielen.»

Er greift in die Luft nach einem mückenschwarzen Strang; eine Glocke schlägt fern und hoch über uns an, ein mageres rothaariges Mädchen, das so gar nicht wie eine spanische Ansichtskarte aussieht, kommt die steile Wendeltreppe heruntergerutscht. Mit halbem Ohr folgt Señorita Maruja verträumt der Unterweisung des Vaters, der ihr das Beinkleid mit dem einzigen Knopf unter die Augen hält. Ja, sie wird suchen; und schon ist sie mit meiner wertvollen Alcaldenhose verschwunden.

Wir beginnen zu spielen, und zwischen jedem Zug, das fliegendurchsummte Schweigen unterbrechend, erzählt mir Don Alonzo vom großen Stierkampf am kommenden Sonntag in der kleinen, aber klassischen Arena von

San Esteban. Er spricht mit der begeisterten Sachkenntnis eines echten Aficionados von der ruhmvollen Vergangenheit des alten Matadors José Garcia, der sein letztes Gastspiel geben wird, bei dem so ein erlauchter Fremdling wie ich unmöglich fehlen darf ... Und schon hat er eine Einladungskarte aus seiner dauernd herunterrutschenden Leinenhose gezogen und mir in die Hand gedrückt.

Die Zeit vergeht, doch offenbar nur für mich. Wo bleibt mein Knopf? Ich habe schon zwei Partien Domino verloren und drei Gläser Moscatel getrunken. Aber statt der sommersprossigen Maruja, meines rettenden Engels, steht plötzlich ein neuer Kunde im Laden.

«Buenas!» Da der Fremde offenbar Zeit hat, setzt er sich umständlich an unsern Tisch und leitet seine Anwesenheit mit einem langen Zwiegespräch ein über das Wetter und die reifen Trauben, seine kranke Katze und die Ehre dieser Stadt, einen Caballero wie mich zu beherbergen. Don Alonzo schildert ihm seine tiefe Trauer um den unauffindbaren Hosenknopf des Alcalden von Toledo. Ein Lächeln erhellt plötzlich das hagere Gesicht des Fremden. Mit einer großen Gebärde, die mit der Hand auf dem Herzen endet, fordert er mich kategorisch auf, ihm zu folgen. Gleichzeitig ist auch Señorita Maruja wieder die Treppe heruntergerutscht und hat mir meine Sorgenhose kopfschüttelnd zurückgereicht. «No hay!» Es fällt kein weiteres Wort. Don Alonzo ist offenbar froh, den Ausdruck seines Schmerzes durch einen leisen Hoffnungsschimmer mildern zu können. Auf sein aufmunterndes Zeichen bin ich auch schon hinter dem Fremden her, der wie ein alter Erzengel vor mir dahinwandelt.

Der Weg führt durch enge Seitengässchen über die abgetretenen Stufen gewundener Stiegen. Altehrwürdige Paläste sind nur noch an ihren stolzen Wappenschildern kenntlich. Das eine, offenbar aus der Zeit der Cortez und Pizzaro, wird von zwei knieenden Indianern hochgehalten. Mein Begleiter wendet alle zehn Schritte den Kopf, um sich zu überzeugen, dass ich ihm noch nicht entwischt bin ... Endlich sind wir da. Ein schweres Tor öffnet sich auf einfachen Druck. Wir treten in ein großes, kühles Vestibül, wo der Schritt wie in einem Dom widerhallt. Mein Begleiter scheint in diesem pompösen Raum sehr primitiv zu wohnen. Ich erblicke ein eisernes Feldbett und einen gewöhnlichen Küchentisch. Hinten in der Ecke versucht eine rostige Rüstung zu blinken.

Der Fremde hat einen großen dunklen Wandschrank geöffnet und winkt mich näher heran. Ich traue meinen Augen nicht: Da hängt in feierlicher Haltung das leibhaftige Gegenstück der Uniform meines Toledanischen Alcalden!

«Mein Großvater, Don Melchior Rodriguez de Algabeno», stellt mein Gastgeber vor. Ich verbeuge mich tief. Da hat er auch schon die Rockschöße zurückgeschlagen, und mein Blick haftet an einer leicht vergilbten Lederhose, an deren klaffendem Latz ein Knopf fehlt. Aber der andere ist noch da! In seiner ganzen heraldischen Einmaligkeit! Mein herrlicher Freund deutet auf diesen Knopf mit einer Geste, die deutlich besagt: Bedienen Sie sich!

Aber ich wage nicht. Solch ein Sakrileg! Er aber lächelt losgelöst: «A su servicio!»

Ich lass es mir nicht zweimal sagen. Andächtig schneide ich den Knopf ab und schiebe schamhaft die um ihre letzte Haltung beraubte Hose unter die schirmenden Rockschößе. Und nun lächeln wir beide: Wozu braucht Don Melchior Rodriguez, der tote Großvater, noch diesen Hosenknopf?

Eis von der Sierra

Die Erinnerung liebt die seltsamsten Umwege, das launische Spiel der Kontraste, die Zufälligkeiten der Überraschung. So kommt es wohl, dass mich der Blick aus meinem vereisten Fenster auf die verschneiten Gipfel im Mittagssonnenschein just an einen glühheißen Sommertag im «Café Moderno» des wackeren Don Miguel erinnert, in einem vergessenen Dorf am Fuß der Sierra Nevada.

Ich sehe ihn schwitzen, Don Miguel, um die Wette mit mir, hemdärmelig, triefend über der Wasserlache, die um seinen leicht durchgeweichten Strohsessel sich ausbreitet. Die Erinnerung ist plötzlich so lebhaft, dass mir ganz warm wird und ich bestimmt den halben Eimer Kohlen sparen werde, den mir die fürsorgliche Wirtin mit diskreter Mahnung zur Sparsamkeit vorhin ins Zimmer stellte.

War das ein heißer Tag damals! Was hätte ich gegeben um fünf Minuten des heutigen Thermometerstandes. Ich versetze mich in Gedanken zurück: Außer uns beiden bevölkern um diese Mittagsstunde, da dortzulande alles zu schlafen pflegt, nur noch zweihunderttausend Mücken – ich habe sie gezählt – Don Miguels gastlichen Ausschank. Die meisten schlummern auf den verstaubten Palmblättern, die den Raum schmücken sollen; aber es sind doch immer noch genug wach, um uns den Schlaf zu verleiden. Da die Fliegenpapiere, die wie Stalaktiten, schwer und schwarz von Beute, von der rauchgebräunten Decke hängen, nicht ausreichen, lässt Don Miguel sein eigenes Patent spielen. Seine in klebrigen Sirup getauchten haarigen Riesenpranken hängen schlaff über die Armlehnen des Strohsessels und bedecken sich allmählich mit naschhaftem Mückenvolk. Sobald sie schwarz davon sind, ballt er einfach die Fäuste zum zermalmenden Strafgericht.

Ich sitze schon eine Weile da, erschöpft vom Überqueren des glühheißen Platzes, den Rücken gegen die kühlere Steinmauer gepresst, ehe sich Don Miguel bequemt, schleppenden Schrittes mit diesen seinen notdürftig abgewischten roten Henkerhänden mir die gewünschte «Copa» Mandelsirup zu bringen. Er stellt sie vor mich auf den klebrigen Tisch, und sein Lächeln scheint jetzt munter zu werden, wie eines besonderen Lobes und Dankes gewärtig. Und da entdecke ich staunend im kühlbeschlagenen Glas ein weißes kompaktes Etwas, das wahrhaftig wie ein Stück Eis aussieht! Woher kommt solcher Schatz in diese bescheidene Dorfkneipe, die damit ihrem «modernen» Namen alle Ehre macht? Don Miguel ahnt meine Frage, hebt den Vorhang vom Fenster und weist mit der kühnen Gebärde einer Feldherrnstatue hinauf zum steil aufragenden Höhengrat der Sierra: Von dort, Señor, von dort!

Ich beglückwünsche ihn geziemend, obschon ich nicht recht begreife ... Don Miguel ist jetzt ganz aufgewacht. Seine Trägheit ist einem Übermaß an südländischem Bewegungseifer gewichen, seine massige Gestalt reckt sich auf den Fußspitzen, wie ein Torero beim Genickstich. Aber, frage ich mich, wer wird bei der Hitze da hinaufklettern und die spärlichen Eisreste aus verborgenen Felsspalten kratzen? – «Das Eis, Señor, ist vom letzten Winter, es ist konserviert.» Ich entsinne mich, bei Tacitus so etwas gelesen zu haben, was auf uralten südländischen Brauch schließen ließe, den Spezialfall aber immer noch nicht aufklärt.

Don Miguel, stolz wie ein spanischer Gockel und eifrig bemüht, sich seinem fremden Gast verständlich zu machen, der seiner Sprache nur halb mächtig ist, nimmt seine Zuflucht zur Pantomime. Eilfertig räumt er Tische und Stühle beiseite und beginnt ein Schauspiel zu inszenieren, dem ich mit wachsender Spannung folge.

«Invierno» (Winter), präzisiert er zunächst die Situation, und ich sehe, wie er vor Kälte schlotternd sich in imaginäre Mäntel und Halstücher hüllt; dann hebt er Fuß und Knie schwer wie einer, der durch tiefen Schnee stapfen muss und sich dabei auf einen sinnbildlichen Stock stützt, während die andre Hand etwas nicht Vorhandenes, aber offenbar sehr Gewichtiges über der Schulter hält. Der Weg muss wohl sehr beschwerlich sein, denn Don Miguel pustet und schwitzt entsetzlich, und immer wieder deutet seine Hand hinauf zur Sierra ... Endlich scheint er oben angelangt. Ein tiefer Atemzug verrät es mir. Er entledigt sich seiner schweren Schulterlast, haut den imaginären Bergstock in den Boden und lässt sich mit allen Anzeichen der Erschöpfung auf den Fußboden sinken. Doch er hat es eilig, weiter zu berichten.

«Nieve!» (Schnee) proklamiert er, mit einer einzigen Gebärde den ganzen Umkreis seiner Stube umfangend. Aha, ich verstehe. Es ist Winter, und er steht auf dem verschneiten Gipfel. Schon weiß ich, was die schweren Gegenstände waren, die er auf gekrümmtem Rücken so mühsam heraufschleppt. Zunächst eine Hacke, mit der er jetzt in gewaltigen Schlägen den Fußboden bearbeitet; dann die Schaufel, die das gegrabene Loch ausräumt. Das pantomimische Spiel ist so eindeutig, dass die breite, tiefe, viereckige Grube jetzt plastisch vor mir liegt. Ich erlebe mit vollendeter Deutlichkeit, wie aller Schnee ringsherum hineingeschaufelt und von Miguels stämmigen Beinen in eindeutigem Tanz festgestampft wird, dass die Flaschen und Gläser auf der Theke wackeln. Wie der Winzer die Trauben im Bottich bearbeitet, so hopst Don Miguel im Backofen seiner Gaststube herum, bis der Schacht in meiner Vorstellung gefüllt ist und zugedeckt mit Holzplanken und einer dicken Erdschicht: «Terra, Señor!»

War das eine Arbeit! Der Schweiß, den sie gekostet, ist nicht bloß Phantasie. Don Miguel schwimmt geradezu. Die einstmals weiße Schürze, die er zu Beginn seiner mimischen Vorführung abgelegt, um sich winterlich aufzurüsten, vermag den Strom nicht zu fassen. Er ringt sie mit den roten Händen aus, bis sie einem Metzgerschurz gleicht. Kurze Pause, dann folgt der offenbar leichtere Abstieg, der mit einem verdienten, sichtlich beglückenden tiefen Schluck aus meiner Cana endet. Aktschluss. Doch gleich geht das Drama weiter: «Sommer!» erklärt Don Miguel. Ich bin im Bilde. Es kommt ein neuer Aufstieg durch die Morgenkühle der Mondnacht – «Luna, Señor!» –, die ich stimmungsvoll über der Sierra lächeln sehe. Diesmal ohne Wintermantel und Schal, aber mit «I–A»-Begleitung eines braven Eselchen, das seine zwei Seitenkörbe trägt und offenbar auch Hacke, Säge und Schaufel; denn Don Miguel hat jetzt die Hand frei, um sich zu fächeln. Er schwitzt jetzt noch sommerlicher als zuvor. Und gar, oben angelangt, beim Abdecken, Aushacken und Aussägen des Konserveneises, das in die Körbe kommt und vom «I–A»-Eselchen zu Tal befördert wird unter der aufgehenden Sonne Spaniens, die zu Karls V. ruhmreicher Zeit – wie furchtbar! – niemals unterging.

An Deutlichkeit des Augenscheins übertrifft das Finale alles Bisherige. Don Miguel kniet in seiner Schweißlache auf dem Fußboden, den er mit den Nägeln aufzukratzen und mit seinen gespenstigen Werkzeugen aufzubrechen scheint. Jetzt ist er am Ende. Erledigt sinkt er in seinen Lehnstuhl. Ich aber weiß nun genau Bescheid über die Mühe und den Schweiß, die das Stückchen Eis in meiner Cana meinen aufopfernden Wirt gekostet hat. Doch leider ist seine Wohltat längst geschmolzen. Der Eistrunk der Sierra abgestanden und lauwarm. Denn ich vergaß über dem gebotenen Schauspiel rechtzeitig zu trinken!

Geige in der Wüstennacht

Irgendwoher aus einer Vorstadtvilla singt eine Geige. Unwillkürlich zieht es mich ans offene Fenster, in das nach einem warmen Tag die nächtliche Kühle hereinschlägt ... Und plötzlich stehst du wieder vor mir, geigender Freund aus jener einzigen Nacht im rauhen Atlasgebirge, und du, unbekannte Frau, einmal nur fern erblickt an jenem Abend unter dem maurischen Stadttor am Rand der marokkanischen Wüste.

Wenn ich heute die Augen schließe, fühle ich ihn noch in der Nase, den unvergesslichen Atem der Wüste. Und manchmal in der gemäßigten Temperatur unseres europäischen Daseins wird mir ihr verbranntes Erdgesicht zum glühenden Wunschtraum. Es war das erste Mal, dass ich das Bild des «Absoluten» sah. Das Meer in seiner weiten Einförmigkeit bleibt spielerisch und launisch, wechselvoll und trügerisch. Die Wüste allein erscheint endgültig.

*

Es war im Ramadan, dem heiligen Fastenmonat des Islam. Ich war vor das Tor von Marakesch hinausgeritten, um den Abend verglühen zu sehen auf den Höhen des Atlas. Ich war allein. Achmed war an jenen Abenden zu nichts zu gebrauchen. Er hockte, in der einen Hand die Zigarette, in der anderen ein Stück glimmender Lunte, und wartete auf den Kanonenschuss, dies ersehnte Signal, das den Sonnenuntergang amtlich verkündet und damit den Ausbruch der Freudennacht, die den Entsagungen des Fasttages folgt. In diesem

Augenblick versinkt die heisere Stimme des Muezzins vom hohen, bleistiftdünnen Minarett im Jubelgeheul der entfesselten Masse. Da hacken alle Hühnerschlächter der Stadt ihrem Federvieh die Hälse durch, und die blökende Angst der zu schlachtenden Hämmel übertönt den Dank der Gläubigen und die Kakophonie der Trommeln und der näselnden Flöten. Orientalische Phantasie und erdhafte Wirklichkeit sprengen das vom Verbot des Propheten tagsüber verrammelte Tor zum Paradies der irdischen Genüsse. [...]

Die südliche Nacht sinkt rasch. Als ich zurückgeritten kam, erblickte ich unter dem prunkvollen maurischen Tor, inmitten eines drohenden Gedränges, einen auffallend zierlichen weißen Reiter auf einem Berberschimmel. Ich hielt ihn auf den ersten Blick für einen vornehmen jungen Beduinen, von dem einige Wegelagerer offenbar einen «Torzoll» erpressen wollten. Ich zog vorsichtshalber meine Browning-Pistole und hielt sie wortlos quer über dem hohen maurischen Sattel auf die Burschen gerichtet. Vor dem drohenden Stahlauge verduftete die Bande, ohne dass es eines Wortes bedurfte. Der Schimmelreiter wandte sich um, dankte mit graziöser Handbewegung und einem «Merci, Monsieur» von reinstem französischem Klang. Und da sah ich staunend, dass unter der «Scheschia» der Spahis rötliche Locken flatterten. Ein weißer, weitwallender Burnus, eine europäische Reithose und gestickte rote Reitstiefel aus weichem marokkanischen Filali vollendeten die eigenartige Erscheinung, die im flinken Galopp des nervigen Schimmelhengstes davonflog durch das dunkle Tor, hinein ins Gedränge der überschwenglichen Nacht. Auf meinem behutsamen Maultier folgen zu wollen, war sinnlos.

Von meinem Freund aber, dem lothringischen Ingenieur, erfuhr ich am gleichen Abend, wer sie war: Die Autorin des aufregenden Buches, das ich seit Wochen in meiner Satteltasche trug, wie ein Brevier für einsame Wüstenstunden. Tochter eines russischen Generals, hieß es, und romantische Abenteuerin der saharischen Weiten. Niemand wusste ihren festen Wohnsitz. Sie tauchte plötzlich auf, nahm die kurze Gastfreundschaft europäischer Freunde in Anspruch und verschwand wieder auf lange Monate, nur von einem treu ergebenen Kameltreiber begleitet. Sie liebte die Städte nicht, nur die Unendlichkeit des Wüstenhimmels über dem luftigen Zelt, den funkelnden Glanz der Tropensterne und den heiseren Schrei der Schakale. Sie kannte die stolzen, gefürchteten Piraten des Sandmeeres und genoss, selbst unbewaffnet, die Gastfreundschaft ihrer Zelte. Ich wusste dies aus ihrem Buch, das ein einsamer Sehnsuchtstraum war. In mir sangen ihre Verse:

Des Abends fließende Seite
Durchzittert ein Taubenflug,
Mein Traum in der himmlischen Weite
Findet den lockenden Trug,
Und meine Sehnsucht zur Ferne
Wiegt unterm Kranz der Sterne
Der Palmen schwankender Zug ...

[...]

*

Seit dieser blitzartigen Begegnung mit der Schimmelreiterin im Flammenhaar blieb mir in diesem unheimlichen Erdteil, das damals noch kein Flugzeug überflog, und wo ein Auto als verzaubertes Untier erschien, ein Rätsel mehr zu lösen. Dabei war mir, als hätte ich dies Knabengesicht schon einmal irgendwo gesehen, unter ebenso ungewöhnlichen Umständen ...

Gestern, ja gestern, als ich die kleine, armselige Kellersynagoge im alten Ghetto der Stadt besuchte. Da war alles noch wie vor Jahrhunderten, bis auf weniges Neuhinzugekommene, wie jene grobe Holzkiste, «Bundeslade» gläubiger Armut, auf der unter dem schadhaften Tuch, wie ein warnendes Symbol des modernen Welthandels, das Wort «Fragile» noch zu lesen war. Ergriffen stand ich vor diesem unbewussten Zeugnis improvisierender Selbstbehauptung einer heimatlosen Rasse gegen eine übermächtige feindliche Umwelt. Da sah ich plötzlich seitwärts über mir an einem der vergitterten Gucklöcher der den jüdischen Frauen vorbehaltenen Rundloge ein stummes einsames Gesicht, das wie aus Sternenhöhe herabschaute, ohne mich zu beachten. Nur einen kurzen Augenblick, dann verschwand die Erscheinung. Aber in meiner Erinnerung war sie so scharf gezeichnet, dass ich mich jetzt genau an sie erinnerte ... War sie Jüdin? Oder trieb sie die unersättliche instinktive Neugier zu den Geheimnissen des Ghettos? Einmal noch, einige Tage später, als ich in «Bled», dem Wüstenvorland, kampierte, war mir's, als sähe ich sie weit, weit drüben am Horizont ostwärts durch den Abend reiten, ... aber es war vielleicht eine ungreifbar atmosphärische Vision, ein Trugbild dieser Welt ohne Grenzen ...

*

Einige Monate waren seit jener zwiefachen Begegnung vergangen. Ich war wieder in Marokko gelandet. Wir saßen auf der Höhe des Atlas und froren in unseren luftigen Zelten. «Ja», sagte mein Freund, der Ingenieur, «Marschall Lyautey hat recht. Marokko ist ein kaltes Land, in dem es sehr heiß werden kann!» Doch wer durch die Hitze verwöhnt ist, verträgt Kälte umso schlechter. Wir schwiegen missgelaunt. Da erklang plötzlich, märchenhaft unwirklich in dieser wilden Gebirgseinsamkeit, das zärtliche Spiel einer Geige. Ich lauschte wie verzaubert. Das war doch Chopin! ... Mir war, als spänne der große afrikanische Vollmond seine Melodie als Silberfaden in mein Ohr.

«Wer spielt hier Geige?», fragte ich, zur Wirklichkeit zurückkehrend. «Unser Dichter», spöttete der Ingenieur. «Er beklagt seine tote Liebe ... Ach so, ich vergaß ja ganz, dir zu berichten, du kanntest sie doch. Sie war dein rothaariger Schwarm im weißen Burnus, du hast sie einmal unter dem Torbogen von Marakesch ritterlich beschützt. Sie ist ihr Leben lang dem Wüstentod nachgelaufen und wollte vom Samum begraben werden, und nun ist sie beim letzten Wolkenbruch in den Sturzwassern einer Atlasschlucht ertrunken. Man hat ihre Leiche gefunden ... Der da geigt, war ihr heimlicher, vielleicht ihr einziger Freund. Komm, ich will dich mit deinem trauernden Rivalen bekannt machen. Ihr zwei Romantiker könnt Euch zusammen an der Erinnerung wärmen. Das könnt ihr brauchen heute Nacht.»

Wir fanden in seinem Zelt, das er mit einem jungen Kameraden teilte, den merkwürdigsten Wüstengast, dem ich je begegnet bin. Er gehörte weit eher nach Montmartre als hierher. Aber sein Vater, ein pensionierter Kolonialbeamter, hatte ihn nach Marokko geschickt, wo er sein «dienendes Schicksal» fand. Es war nicht leicht, ihn zum Sprechen zu bringen. Doch als er Vertrauen gefasst, erleichterte er sein wundes Herz. Ja, er hatte sie geliebt, diese Frau, diesen irrenden Schemen ohne Rast. So wie er die Musik Chopins liebte, die ihr unfassbares Wesen verkörperte. Seine Diskretion verriet nicht mehr. Aber er öffnete vor mir eine eiserne Schatulle, die mit Zetteln gefüllt war: «Das sind ihre letzten Notizen für ihr nächstes Buch.» Ich blätterte. Es waren lose Zettel mit kurzen Bemerkungen. Sachlich und knapp, manchmal raketenhaft romantisch, – aber mehr war es nicht. Der Dichter, dem ich das geliebte Buch in meiner Satteltasche verdankte, war der Junge da vor mir. Er sagte es nicht, aber ich erriet es. Er liebte über den Tod hinaus die Anregerin, das Sinnbild seiner eigenen Fernensehnsucht, – die ja auch die meine war ...

Nachwort

CHRISTIAN LUCKSCHEITER

Durch Feldgeröll und Waldesmoos, / Im Knopfloch eine Heckenros', / Ein schmucker Bursch auf schlechtem Schuh / Schlendr' ich der Morgensonne zu. // Mich jagt nicht irrer Sehnsucht Hast, / Mich drückt nicht stummer Liebe Last. / Bin wie die Erde morgenfrisch, / Und ess' mich satt an fremdem Tisch. // Geh meine Wege nie zurück / Und trag im Ränzel all mein Glück!

(René Prévôt: *Wanderung*)

Sie nannten ihn Tartarin. Sie, das waren die Schriftsteller der Gruppe «Das jüngste Elsaß», die 1902 in Straßburg gegründet wurde und zu der René Prévôt gehörte. Mit der Tarasconer Figur Alphonse Daudets hatte Prévôt aber eher – zumindest für die Augen von nach 1871 ins neue «Reichsland» Elsass-Lothringen eingewanderten Deutschen – das südfranzösische Aussehen als den Hang zum Aufschneiden gemein. In seiner Wohnung in der Nähe des Bahnhofs von Straßburg hingen zwar Waffen, Revolver und Schlagringe an den Wänden, wie Otto Flake in seinen Erinnerungen zu berichten weiß, auch empfing Prévôt Besuch gern mal im Cowboy-Kostüm, aber intellektuell hatte er dann doch mehr zu bieten als der berühmte Möchtegern-Löwenbändiger aus der Provence. Die meiste Zeit seines ziemlich unbekannten Lebens schlug Prévôts Herz aber genau für solche Typen; für die Parias und Outsider der bürgerlichen Welt, insbesondere für die Bohème, sei es auf Montmartre oder in Schwabing, Orte, an denen er sich gleichermaßen zuhause fühlte.

Zunächst wurde er jedoch Teil der einzigen Kunst-Avantgarde, die das Elsass je kennenlernen sollte,[1] eben jener von René Schickele ins Leben gerufenen Gruppe «Das jüngste Elsaß». In ihr war René Prévôt, der am 14. Dezember 1880 im oberelsässischen Moosch geboren wurde, der einzige, in dessen Familie die französische Sprache und Kultur eine wichtigere Rolle spielten als die deutsche. Um die «Fühlung» zu Frankreich nicht zu verlieren, war er von seinen Eltern zunächst auch auf das Lycée in Belfort geschickt worden. Das Abitur hatte Prévôt 1899 dann jedoch an einem Gymnasium von Mülhausen abgelegt, bevor er nach einem längeren Aufenthalt bei Verwandten mütterlicherseits in Paris (unter anderem bei Auguste Rodin, einem Cousin seiner Mutter) das Studium der Nationalökonomie sowie der Rechts- und Staatswissenschaften in München und Straßburg begann – und dort auf «Das jüngste Elsaß» traf.

Literarisch war er schon zuvor mit elsässischen Dialektszenen im Rahmen der sich seit 1898 etablierenden elsässischen Volkstheaterbewegung in Erscheinung getreten. Mit Hans Karl Abel zusammen hatte er 1901 das Stück *D'Waldmühl* herausgebracht, 1902 folgten die beiden selbständig verfassten Einakter *Elsassisch Blüet. Episode aus dem Jahr* 1870 und *Freijheit!*. Wenn Prévôt später über das elsässische Theater behauptete, es sei aus dem «Bestreben» heraus entstanden, «äußerliche Zivilisationsmomente, welche die germanisatorische Hochflut hinwegzuschwemmen drohte, in die Zukunft hinüberzuretten»[2], dann zeigen er und seine Stücke sich nachhaltig beeinflusst von

1 Vgl. GABRIEL BRAEUNER: *L'Alsace au temps du Reichsland* (1871–1918). *Un âge d'or culturel?* Editions du Belvédère, Pontarlier 2013, S. 62.

2 RENÉ PRÉVÔT: «Elsässisches Theater»; in: *Süddeutsche Monatshefte*, 3, II, 1906, S. 108–113, S. 113.

Werner Wittichs 1900 zunächst in der Zeitung *Revue Alsacienne Illustrée/Illustrierte Elsässische Rundschau* veröffentlichten Abhandlung *Deutsche und Französische Kultur im Elsass*. Hier machte zum ersten Mal ein eingewanderter Deutscher, seines Zeichens Professor an der staatswirtschaftlichen Fakultät der Universität Straßburg, den eingewanderten deutschen «Eroberern» klar, dass das Land, in das man 1871 einmarschiert war, entgegen einer allgemeinen Vorstellung beileibe kein deutsches Land war, sondern mindestens eine «Mischkultur»[3] darstellte, in der der französische Anteil bedeutend höher lag als der deutsche. Die – nicht zuletzt politische – Kultur des Elsasses, seit Jahrhunderten «von der Entwickelung der deutschen Kultur völlig abgeschnitten», sei eine primär französische, der, so Wittich, spätestens «seit der grossen französischen Revolution» die monarchische «Charaktereigenschaft» der Deutschen «abhanden gekommen» sei und die in ihren demokratischen Zügen «in scharfem Gegensatz» zur preußisch-deutschen stehe.[4] Die elsässische Kultur sei auch dreißig Jahre nach dem Krieg noch «völlig französisch» und stehe der «politischen und sozialen Kultur Deutschlands fast teilnahmslos gegenüber».[5]

Im Anschluss an Wittich versuchte Prévôt, dieser Verfasstheit und den sich daraus ergebenden Problemen einer «Mischkultur», der Zerrissenheit zwischen den «scharfen Gegensätzen» Deutschland und Frankreich, einen Schauplatz zu geben, zunächst auf der Bühne, später dann, zusammen mit seinen Gruppenkollegen des «Jüngsten Elsaß», in Abhandlungen und

3 WERNER WITTICH: *Deutsche und Französische Kultur im Elsass*. Aus der Illustrierten Elsässischen Rundschau. Schlesier & Schweikhardt, Strassburg 1900, S. 85.
4 Ebda., S. 13 f.
5 Ebda., S. 83 f.

Essays. Früh machte Prévôt dabei auf einen entscheidenden Moment der elsässischen Geschichte aufmerksam, der sie von der Geschichte auf der anderen Seite des Rheins grundlegend unterscheidet und woran die ‹Germanisierungs›-Politik der Preußen unter anderem immer wieder und bis zuletzt scheitern sollte, und zwar auf die Teilhabe der Elsässerinnen und Elsässer an der französischen «gloire», an der Revolution von 1789 und an Napoleon – für das Elsass «die grossi Zit», wie die Großmutter in *Elsassisch Blüet* schwärmt (vgl. S. 10).

Ab 1902 widmete sich Prévôt gemeinsam mit den anderen Gruppenmitgliedern René Schickele, Ernst Stadler, Otto Flake, Salomon Grumbach und Hermann Wendel bis 1914 dem Versuch, Kultur, Politik und Gesellschaft im Elsass auf eine Weise zu gestalten, dass sich die französische und die deutsche Dimension des Elsasses nicht feindlich und einander ausschließend gegenüberstehen, sondern einander ergänzend und befruchtend. Hier verstand Prévôt sich als «Vorarbeiter» (vgl. S. 16) auf dem Weg zur kulturellen «Annäherung» (vgl. S. 20) Deutschlands und Frankreichs, an der «geistigen Brücke (...), die über den Rhein führen soll».[6] Ihm war klar: Die Elsässerinnen und Elsässer waren «ein Grenzvolk» (vgl. S. 25), und aus dieser «Grenzstellung zwischen den beiden ersten Kulturnationen Europas» ergab sich für ihn die logische Folge, dass das Elsass «zu einer weitblickenden Kulturpolitik geradezu prädestiniert» sei: «Denn wie weit könnten sie sein, die elsässischen Horizonte!»[7]. Ganz im Sinne Wittichs sah Prévôt das Elsass als tief «in den

6 RENÉ PRÉVÔT: *Elsässische Streifzüge*. Thanner Druckerei & Zeitungsverlag, Thann 1912, S. 9.

7 RENÉ PRÉVÔT: «Elsässische Horizonte»; in: *März. Eine Wochenschrift*, 5, 2. Bd., 20. Juni 1911, S. 477–479, S. 479.

französischen Staatskörper hineingewachsen»[8] und propagierte, gegen «stählernen Germanentrotz», die Anerkennung der elsässischen «Doppelkultur»[9] und den Austausch «französischer und deutscher Kunstideale»[10]. Er schrieb dabei, vergleichbar nur mit Schickele, aus einem «engen persönlichen Verhältnis» zum Elsass heraus, ausgehend von seiner «altelsässischen Herkunft» und, wie er in seinem grundlegenden Text *Das Deutsch-Französische Kulturproblem im Elsass* hinzufügte, «langjährigem Aufgegangensein im elsässischen Volks- und Kulturleben» (vgl. S. 20). Diese regionale Verortung wurde von Prévôt allerdings mit einer Horizontöffnung, einer Öffnung ins Übernationale kombiniert, seiner, wie Prévôt selbst es formulierte, «von ihm stets gesuchten, aus landschaftlicher Enge herausführenden Fühlung mit der internationalen Weltkultur, insbesondere dem französischen Geistesleben» (vgl. S. 20).

Der Essay von 1907 – *Das Deutsch-Französische Kulturproblem im Elsass* – zeigt Prévôt auf der Höhe des Diskurses um die sogenannte elsässische Frage und insofern als Avantgarde der Avantgarde, als er mit diesem Essay drei ungleich bekannteren Texten seiner Gruppenkollegen Flake, Schickele und Stadler einen intertextuellen Hypotext lieferte, also einen vorgängigen Text, der die Grundlage für die späteren bildet, und zwar sowohl für Flakes Abhandlung *Rund um die elsässische Frage* von 1911 als auch für Schickeles «Blick vom Hartmannsweilerkopf» (aus *Wir wollen nicht sterben* von 1922) sowie für Stadlers Schrift über

8 PRÉVÔT: «Elsässisches Theater», S. 109.
9 RENÉ PRÉVÔT: «Die deutsche Literaturbewegung im Elsaß»; in: *Süddeutsche Monatshefte*, 4, I, 1907, S. 360–366, S. 363.
10 RENÉ PRÉVÔT: «Ein elsässischer Künstler (François Rupert Carabin)»; in: *Das neue Elsaß. Eine Wochenschrift*, 1, 7, 10. Februar 1911, S. 106–107, S. 107.

René Schickele von 1913. Für die Überwindung der «Erbfeindschaft» und der vielbeklagten «Zwitterstellung» des Elsasses empfiehlt Prévôt hier der elsässischen «âme aux deux patries» ein «Emporsteigen auf höhere Kulturwarte» (vgl. S. 26) und prägt dabei einen Begriff, der Stadlers bekanntem Begriff des «geistigen Elsässertums»[11] voranging und ihm an die Seite zu stellen ist, nämlich den Begriff des «Kulturelsässertums», verstanden als «Lotse» zwischen Deutschland und Frankreich, «der die trennende Flut ihrer Gegensätze vielleicht zu übersteuern vermöchte, von einem Ufer zum andern die frohe Botschaft der Kulturversöhnung tragend!» (Vgl. S. 26)

Dieses Kulturelsässertum buchstabierte Prévôt, der 1905 mit der Arbeit *Die Wohlfahrtseinrichtungen der Arbeitgeber in Frankreich* von Lujo Brentano in München zum Doktor der Staatswissenschaften promoviert wurde und sich danach u.a. als Stummfilmschauspieler, Dramaturg in Straßburg, Journalist in München und, von 1912 bis 1914, als Paris-Korrespondent der *Münchner Neuesten Nachrichten* sowie des Mülhausener *Express* durchschlug, in einigen weiteren Aufsätzen bis 1914 aus, u.a. in der von Hermann Hesse mit herausgegebenen Zeitschrift *März*. Doch trotz dieser Arbeiten und obwohl er 1907 in seinem Text «Die deutsche Literaturbewegung im Elsaß» noch behauptet hatte, dass es «der Elsässer» an sich «nicht mit dem Deutschnationalen»[12] halte, scheint sich Prévôts politische Haltung zu Beginn des Ersten Weltkriegs ziemlich schlagartig verändert zu haben. Er selbst wurde, vielleicht bedingt von der allgemeinen

11 ERNST STADLER: «René Schickele»; in: ders.: *Dichtungen, Schriften, Briefe. Kritische Ausgabe*. Herausgegeben von Klaus Hurlebusch und Karl Ludwig Schneider. C. H. Beck, München 1983, S. 276–293, S. 280.

12 PRÉVÔT: «Die deutsche Literaturbewegung im Elsaß», S. 362.

Kriegsbegeisterung, nicht zuletzt in künstlerischen und intellektuellen Kreisen, zum deutschnationalen Elsässer, wie zumindest sein Münchner Kollege Erich Mühsam in einem Tagebuch-Eintrag am 28. Februar 1915 in wenig schmeichelhaften Worten festhielt.

Vom Leben Prévôts in den Jahren des Ersten Weltkriegs liegt das meiste im Dunkeln. Bekannt ist, dass er in dieser Zeit zum Chefredakteur der *Gazette des Ardennes* ernannt wurde, einer französischsprachigen Zeitung des deutschen militärischen Geheimdienstes, die Kriegspropaganda betrieb, mit Sitz in Charleville. Hinsichtlich der in der *Gazette* aufzufindenden Einlassungen zu den deutsch-französischen Beziehungen hält Andreas Laska in seiner Doktorarbeit über diese Zeitung immerhin fest, dass sie nicht der Ideologie von 1914 gefolgt sei und sich im Gegenteil jegliche Mühe gegeben habe, «la profonde amitié du peuple allemand pour son voisin français» zu zeigen. Dazu zitiert Laska u. a. einen Zeitungs-Artikel vom 14. Oktober 1916, in dem es heißt, dass die Zukunft Europas von der «harmonie des forces française et allemande»[13] abhänge. Inwiefern Prévôt die *Gazette des Ardennes*, diese «entreprise militaire»[14], die als einzige französischsprachige Zeitung im besetzten Frankreich ein Informationsmonopol innehatte, bewusst für ein geradezu subversives Wirken im Sinne seines elsässischen Kulturideals benutzte, ist aufgrund der entweder anonymen oder unter Pseudonym verfassten Artikel sowie fehlender sonstiger Quellen wohl nicht mehr zu klären – ebensowenig wie die Frage, ob Prévôts

13 ANDREAS LASKA: *Presse et propagande allemandes en France occupée: des* Moniteurs officiels (1870–1871) *à la* Gazette des Ardennes (1914–1918) *et à la* Pariser Zeitung (1940–1944). Herbert Utz, München 2003 (Diss.), S. 182 und S. 184.
14 Ebda., S. 135.

Entscheidung für die deutsche Staatsbürgerschaft bzw. die bayrische Landesstaatsangehörigkeit 1917 damit zu tun hatte, dass ihm in Frankreich aufgrund seiner Spionagetätigkeit womöglich die Todesstrafe gedroht hätte, wie Jürgen W. Schmidt vermutet.

Nach dem Krieg lebte Prévôt jedenfalls wieder in München und bewegte sich dort weiterhin in der (Schwabinger) «Bohème». Auch wenn ein großes Romanwerk nach Vorbild der *Menschlichen Komödie* Balzacs, wie Prévôt es sich vorgenommen hatte, nicht zustande kommen sollte, entstand doch, zum Teil in rascher Folge, eine ganze Reihe von Skizzen und Prosastücken, die von ihm in loser Form zu Büchern zusammengefasst wurden[15] und ihn als wortgewandten, empathischen Schriftsteller mit Blick für die kleinen Skurrilitäten des Alltags ausweisen. In der Literatur hielt er den Kontakt mit dem Elsass – als Beispiel sei die Erzählung «Nahe der Heimat» genannt, in der sich das «Ich» als verlorener Sohn, dem auf dem Friedhof ein Platz zwischen den Ketzern und den Selbstmördern reserviert ist, imaginiert (vgl. S. 83) – und zu Frankreich, insbesondere durch den Vergleich Schwabings mit Montmartre bzw. Montparnasse. Der Bohème widmete er dabei zunehmend nostalgische Betrachtungen, und schon zu Beginn der 1920er Jahre hielt er ihr – sei sie auf Montmartre, sei sie in Schwabing – in seinen Büchern *Du mein Schwabing* und *Bohème* Grabreden. Er machte sich über sie keine Illusionen: Kunstmarkt, Möchtegernkünstlerinnen und -künstler, bürgerlicher Voyeurismus, neugierige «Kommerzienratstöchter» (vgl. S. 60) und internationaler

15 Vgl. u. a. *Du mein Schwabing! Kreislauf romantischer Ironie*. Rösl & Cie., München 1921; *Ali Bumba. Buntes Skizzenbuch vom Zirkus Welt*. Rikola, Wien u. a. 1922; *Bohème*. D. & R. Bischoff, München 1922.

Tourismus hatten die Kunstquartiere längst ausgehöhlt, Literaturcafés und Kunstkabaretts «im Kern» (vgl. S. 61) getötet. Den ‹echten› Bohemiens, so Prévôt, sei lediglich übriggeblieben, sich «unsichtbar» zu machen und «vor den Eindringlingen in ihr wirkliches inneres Freiheitsverlangen» zu flüchten, den ungerufenen Einwanderern schweren Herzens «die Stätten ihrer einstigen ungezwungenen Geselligkeit» überlassend (vgl. S. 61). Diese Geschichte wiederholt sich (bis heute). Und den gealterten Beobachter überkommt in seiner «Randloge[ ] des Lebens» an den Orten vergangener Lebensfreude das Gefühl der Einsamkeit. (Vgl. S. 62)

Als Eindringling erlebt sich das Ich der Erzählungen aus *Ali Bumba* dann wiederum selbst, nämlich als Europäer in (Nord-) Afrika. Mit seiner «brutalen Gier» eines Raubtiers und seiner «Maschinenwut» droht der sich «unschön breit» machende Weiße in Afrika (vgl. S. 64), ähnlich wie der Deutsche im Elsass oder die Juristen und Touristen in den Künstlervierteln, der Anfang vom Ende zu sein. Erneut zeigt sich der von seinen Erfahrungen im Elsass sensibilisierte Prévôt auf der Seite der an den Rand Gedrängten, und man könnte an dieser Stelle fast von einer postkolonialen Kritik avant la lettre schreiben.

Neben seiner schriftstellerischen Tätigkeit arbeitete Prévôt in erster Linie als Tagesjournalist und Theater- und Filmkritiker, vor allem für die *Münchner Neueste Nachrichten*, deren Schriftleitung er in den 1930er Jahren innehatte, sowie für den *Münchner Merkur*. Ansonsten ist über seine letzten Lebensjahre kaum etwas bekannt. Seine Haltung zu den Nazis scheint eindeutig, und zwar ablehnend gewesen zu sein. Er war nicht Mitglied der NSDAP, seine Stellung ab 1933 sei, nach eigener Darstellung, aufgrund seiner französischen Mutter und seiner nach

Frankreich emigrierten Kinder, die im Zweiten Weltkrieg anscheinend als Militärärzte bei den Alliierten arbeiteten, schwierig gewesen.[16] Andererseits warf er in den 1930er Jahren, wie Flake es in *Es wird Abend* formuliert, seine Akzente ab und veröffentlichte seine Bücher nun unter dem ‹eingedeutschten› Namen «Rainer Prevot», darunter einen Erzählband mit dem Titel *Landsknecht des Schicksals*, erschienen 1943. Auf die Frage nach seiner Nationalität soll er aber, so zumindest Jo Weigert, auch in der Nazi-Zeit stets «Europäer» geantwortet haben.

Nach 1945 veröffentlichte Prévôt noch ein paar Erzählbände, darunter seine vielleicht bekanntesten Bücher *Seliger Zweiklang. Schwabing/Montmartre* von 1946 und *Kleiner Schwarm für Schwabylon* von 1954, Sammlungen, die jedoch im Wesentlichen aus der Neuauflage bereits veröffentlichter Erzählungen bestehen. Zuletzt erschienen *Dreizehn sonderbare Geschichten*, in denen u. a. die Begegnung mit einer Frau in Nordafrika geschildert wird, die erst in den 1970er Jahren zu Berühmtheit gelangen sollte und seither insbesondere in der feministischen Literatur eine wichtige Rolle spielt: Isabelle Eberhardt (1877–1914). (Vgl. S. 108–113).

Nach einem Schlaganfall starb Prévôt, der weltoffene elsässische Wanderer, «der ‹Münchner Franzose› und ‹gallische Schwabinger›» (Wolfgang Drews), am 10. Juni 1955 in München.

16 Vgl. die Erklärung von René Prévôt vom 3. August 1947 zur Entnazifizierung von J. M. Wehner (siehe Münchner Stadtbibliothek, Monacensia im Hildebrandhaus, Nachlass JM Wehner, JMW D 4).

Literaturhinweise

BRANDENBURG, HANS: *München leuchtete. Jugenderinnerungen.* Neuner, München 1953.

FLAKE, OTTO: *Es wird Abend. Bericht aus einem langen Leben.* Fischer, Frankfurt/M. 1980.

KREUZER, HELMUT: *Die Boheme. Beiträge zu ihrer Beschreibung.* J. B. Metzlersche u. Carl Ernst Poeschel, Stuttgart 1968.

LASKA, ANDREAS: *Presse et propagande allemandes en France occupée: des* Moniteurs officiels (1870–1871) *à la* Gazette des Ardennes (1914–1918) *et à la* Pariser Zeitung (1940–1944). Herbert Utz, München 2003 (Diss.).

MÜHSAM, ERICH: *Tagebücher.* Band 4. 1915. Hrsg. v. Chris Hirte u. Conrad Piens. Verbrecher, Berlin 2013.

SCHMIDT, JÜRGEN W.: «Der Schriftsteller und Journalist René Prévôt aus Moosch im Oberelsaß – zu Unrecht heute völlig vergessen»; in: *Der Westen (Mitteilungsblatt der Erwin von Steinbach-Stiftung)*, Nr. 3/4, 2013, S. 6–13.

Textnachweise

Elsassisch Blüet. Episode aus dem Jahr 1870; gefolgt von *Freijheit! Elsässisches Drama in* 1 Akt *(*2 *Bildern)*. Ludolf Beust, Strassburg 1902.

«Ein elsässischer Dichter»; in: *Express de Mulhouse*, Nr. 277, 28. November 1906, S. 1.

Das Deutsch-Französische Kulturproblem im Elsass. Wilhelm Süsserott, Berlin 1907.

«Ein elsässischer Künstler (François Rupert Carabin)»; in: *Das neue Elsaß. Eine Wochenschrift*. 1. Jg., Nr. 7, 10. Februar 1911, S. 106–107.

«Du mein Schwabing!»; «Der Tod der Bohème (Sentimentales Zwiegespräch mit Henry Murgers Geist)»; «Die Kraft»; «Pierrot (Ein Mondscheintraum)»: aus: René Prévôt: *Du mein Schwabing! Kreislauf romantischer Ironie*. Rösl & Cie., München 1921.

«Vom sterbenden Montmartre»; «Das Schwabing von Paris»; «Das Café»: aus: René Prévôt: *Bohème*. D. & R. Bischoff, München 1922.

«Im Basar»*; «Nahe der Heimat»; «Burgenzauber»; «Die Tanne»: aus: René Prévôt: *Ali Bumba. Buntes Skizzenbuch vom Zirkus Welt*. Rikola, Wien u. a. 1922.
(* Titel stammt von den Herausgebern)

«Das Trinkgeld»; «Der spanische Hosenknopf»; «Eis von der Sierra»: aus: René Prévôt: *Die spanische Windmühle. Novellen*. Drei-Fichten, München 1947.

«Geige in der Wüstennacht»: aus: René Prévôt: *Dreizehn sonderbare Geschichten*. Hanns-Zauner, Dachau o. J. (1955).